El Santuario de Nuestra Señora de L
de Milagros de la Iglesia Católica

Por Charles River Editors
Traducido por Areaní Moros

Fotografía del Santuario de Nuestra Señora de Lourdes, por Père Igor

Sobre Charles River Editors

Charles River Editors es una editorial digital boutique que se especializa en traer la historia de vuelta a la vida con libros educativos e interesantes en una amplia gama de temas. Manténgase al día con nuestras nuevas ofertas gratuitas con esta afiliación de 5 segundos a nuestra lista de correo semanal, y visite nuestra Página de Autor en Kindle para ver otros títulos recientemente publicados.

Hacemos estos libros para usted, y siempre queremos conocer la opinión de nuestros lectores, por eso le invitamos a dejar comentarios y nos entusiasma publicar nuevos y emocionantes títulos cada semana.

Introducción

Fotografía del santuario, por Roland Darre

El Santuario de nuestra Señora de Lourdes

Aunque es una admirable obra de arte creada por la acción de las aguas del otrora turquesa río Gave de Pau, la modesta gruta a sus orillas, escondida en el desfiladero al norte de la Massabielle ("Vieja Misa") en la pintoresca ciudad de Lourdes difícilmente sea la más majestuosa en la colección de la Madre Naturaleza. De hecho, la estrecha cueva era tan poco excepcional que permaneció, en buena parte, sin ser perturbada hasta mediados del siglo XVII, a excepción de alguno que otro pescador o arriero que se refugiara allí durante una tempestad inesperada. Rodeada de tupidos arbustos y envuelta en enredaderas de hiedra, la pequeña gruta, tan húmeda como es oscura, no es lo suficientemente espaciosa para albergar ni a un aquelarre de brujas.

A pesar de su exterior común y dimensiones menos que impresionantes, la gruta atrae hoy en día a millones y millones de visitantes cada año sin falta. Largas filas zigzagueantes de lugareños, visitantes y peregrinos cristianos por igual esperan pacientemente su oportunidad para no solo apreciar, sino ofrecer sus respetos a la fascinantemente magnética gruta. Muchos de los creyentes, conmovidos, levantan sus manos, sus ojos llenos de lágrimas sinceras, hacia la estatua de quienes los lugareños alaban como "Nuestra Señora de Lourdes", la cual se encuentra en un nicho iluminado por un candelabro en forma de árbol de navidad, lleno de velas blancas.

Además de servir como una referencia simbólica a la proclamación de Cristo –"Yo soy la luz del mundo"-, las velas representan la "fe, ansiedades y votos" de todos aquellos que visitan la gruta, descargando todas sus miserias e infortunios a los pies de la Señora. Tan sagrado es este espacio, que la parte inferior de las rústicas paredes se ha ido alisando, por los incontables peregrinos que buscan recibir las bendiciones divinas tocando la piedra sagrada.

Algunos levantan a sus hijos sobre sus hombros y los instan a tocar las húmedas y musgosas paredes. Otros que llevan recién nacidos en brazos, tocan gentilmente las suaves cabezas de sus infantes contra la piedra de la gruta. También están aquellos que presionan prendas de ropa de sus hijos u otros parientes contra las paredes, mientras murmuran a ojos cerrados una plegaria por ellos.

Una escena tal vez aún más conmovedora es el fenómeno de la extasiada congregación que se reúne allí para escuchar la misa especial que se celebra cada 11 de febrero. Resaltan al frente de la congregación las docenas de visitantes en sillas de ruedas, sentados lado a lado en grupos de ocho. Parados juntos a ellos en esta multitud de varios miles, están cientos de asistentes sosteniéndose en muletas, y otros más que padecen aflicciones y angustias invisibles, tanto físicas como mentales. Cualesquiera sean las propias creencias e historia de vida, la mirada pura de anhelo y esperanza que brilla en los ojos de quienes con tanta intensidad observan el manantial de la gruta -rodeado por plexiglás y delimitado por cuerdas- es suficiente para llegar al corazón.

Visto con más detalle, el manantial en cuestión no es más que una apertura perfectamente circular en el suelo, que recuerda a una alcantarilla. Y, sin embargo, este manantial no es solo preservado, sino fervientemente elogiado, como evidencia el incesante número de visitantes y la variedad cual arcoíris de hermosos buqués florales, refrescados regularmente.

Dicen que el juicio no existe en Lourdes. Una vez que uno pone un pie en este suelo sagrado, todas las barreras de raza, condición social, antecedentes y diferencias de religión dejan de existir. No es uno más que un alma humilde en busca de la renovación de la propia conexión con Dios. En un comunicado emitido a la prensa francesa a mediados de agosto de 2008, el padre Jacques Nieuviarts garantizó lo siguiente: "Aquellos que tocan la roca de la gruta en Lourdes…Tal vez están pidiendo ser imbuidos con la fuerza de esta roca. Aquellos que beben del agua de la fuente sienten que su sed interna está siendo saciada, que han sido cambiados y que el agua los ha purificado…Al encender la vela, se abren a sí mismos a la claridad que proviene de Dios, y cuando al marcharse dejan una vela ardiendo, su plegaria continúa en unión con aquellas de todas las demás personas que han colocado sus velas encendidas en la gruta…".

Dadas estas promesas de paz interior y despertares espirituales, sin mencionar los incontables casos -tanto declarados como "verificados"- de curaciones milagrosas de los que está repleta esta sobrenatural ciudad, no sorprende que este pueblo antes modesto sea actualmente el segundo destino turístico más popular en Francia, después de París. Con el pasar de los años, el otrora pintoresco pero vetusto pueblo de grises tejados ha sido más que exitoso a la hora de hacerse notar mediante sus místicos santuarios construidos sobre milagros, pero ¿cómo lograron exactamente tal designación? Y, ¿qué tanto de cierto -si lo hay- tienen estos supuestos milagros?

El Santuario de Nuestra Señora de Lourdes: La Historia y Legado del Centro de Milagros de la Iglesia Católica narra la notable historia del sitio y cómo se convirtió en uno de los lugares más influyentes de la religión. En conjunto con imágenes que representan personas, lugares y eventos importantes, aprenderá sobre Lourdes como nunca.

Lourdes antes del santuario

"Porque derramaré agua sobre la sedienta tierra, y arroyos sobre el seco suelo; derramaré mi espíritu sobre tus vástagos y mi bendición sobre tu descendencia". – Isaías 44:3

El 12 de febrero de 2008, un estimado de 50.000 peregrinos de todos los rincones del mundo se reunieron junto a la verde extensión de exuberante césped en el lado opuesto de la legendaria Gruta Massabielle. En compañía de por lo menos 25 obispos, 800 sacerdotes de diversos rangos, y un coro compuesto de 30 angelicales voces, el obispo de Lourdes y Tarbes, monseñor Jacques Perrier, encabezó la histórica misa. Luciendo su distintivo gorro fucsia (también conocido como "zuchetto"), el obispo de gafas y voz meliflua explicó en su homilía la significancia de este peregrinaje de una vez en la vida: "Lourdes es una presencia que pacifica, que da confianza y eso le permite a Bernadette enfrentar dificultades".

Fue un día después del 150 aniversario de la primera aparición de la Santísima Virgen María a Bernadette Soubirous, la poco probable, pero ahora icónica y profundamente atesorada, heroína del pueblo. Pero la vista más impresionante vendría más tarde esa noche, durante la conclusión simbólica de la ceremonia del Jubileo, la cual estaría marcada por una hipnótica procesión de antorchas. Se sabe que los compañeros de Bernadette llevaban consigo velas de cera en todo momento, y por eso la amada santa es ahora asociada a menudo con velas blancas.

La procesión mariana de las antorchas de Lourdes se originó poco después de que salieran a la luz las revelaciones en torno a esta misteriosa Bernadette. La tradición, que sigue siendo la costumbre más popular de la ciudad hasta nuestros días, fue fundada en 1863 por un fraile franciscano llamado padre Marie-Antoine, o como lo apodaron los locales, el "Santo de Toulouse". Peregrinos que buscaban desesperadamente la sanación física o espiritual acudieron en masa a este pueblo antes desconocido, todo por tener la oportunidad de ver por sí mismos esta cueva misteriosamente mágica y, si eran lo suficientemente afortunados -considerando las largas filas que atraía (y aún atrae)- darse un chapuzón en el manantial sagrado.

Luego de esta extraordinaria limpieza, que supuestamente garantiza el alivio inmediato de los dolores, y en algunos casos incluso cura a quienes se bañan en las aguas o beben de ellas, los peregrinos se congregaban para una vigilia diaria para glorificar a la Madre María. El Papa Juan Pablo II, quien encabezó la procesión de la noche del 14 de agosto de 1983, resumió sucintamente lo que significa ser parte de la gran procesión: "En esta pacífica noche hacemos vigilia, oramos, ya no en el secreto de nuestros corazones, sino como una gran multitud en movimiento, siguiendo al Jesucristo resucitado, cada uno iluminando el camino para el otro".

Al atardecer, los peregrinos marcharon desde la explanada detrás de la estatua de la Virgen Coronada -una escultura de tamaño natural cincelada en mármol blanco, representada con una banda azul celeste y una corona dorada- hacia la Basílica de San Pío X. A lo largo de esta procesión preliminar la multitud recitó los Misterios Dolorosos del Rosario. El comienzo de cada década del rosario fue enriquecido con breves bendiciones entonadas no solo en inglés o francés, sino también en español, italiano, alemán, polaco y portugués.

El evento principal no se llevaría a cabo hasta las nueve esa noche. Una vez más, los peregrinos se congregaron en el campo frente a la Massabielle, pero esta vez, apuntando a la explanada, más precisamente a la Plaza del Rosario. Ya sea que se pertenezca o no a la fe, o si se cree en algún poder superior, si es por eso, no se puede negar que esta pompa fue simplemente espectacular.

Los espectadores ubicados en los niveles superiores de edificios vecinos pudieron disfrutar de una vista estelar de la gran procesión. Las hileras de edificios que flanqueaban la avenida habían apagado todas sus luces para el momento, y quedaron ocultos por la oscuridad de la noche despejada, salvo por una hilera de farolas a cada lado de la carretera. Entonces, en la distancia, una constelación flotante de luces fulgurantes apareció, como una encantadora colonia de luciérnagas buscando el camino a casa. Sin embargo, con solo entrecerrar los ojos podía verse que no se trataba de luciérnagas, sino de una multitud de peregrinos, cada uno armado con una vela protegida del viento por una cobertura de papel en forma de farol. A medida que el sinuoso fluir de luces recorría el camino, guiado por lo que parecía ser una brillante estatua de la Santísima Virgen, las cautivantes y melodiosas voces de los caminantes, en una hermosa armonización del "Ave María", inundaron la calle junto a ellos.

Desde los tiempos del padre Marie-Antoine, los *feutiers*, nombre dado a los custodios de las iglesias en Lourdes, fueron puestos a cargo de resguardar esta enorme colección de velas encendidas. Trabajando en turnos, estos hombres tienen la tediosa tarea de reencender los miles y miles de velas que aparecen diariamente a lo largo de todo el año, día y noche. Esta no es una tarea fácil, pero sí algo ingrata, ya que se dice que un promedio de al menos 400 toneladas de cera -abarcando desde las típicas velas de 130 gr hasta los pilares de 70 kg- son consumidas cada año en Lourdes.

Entonces, ¿qué tiene esta ciudad enigmática, pero fascinantemente acogedora, que atrae a tanta gente? Para comprender mejor al pueblo detrás de la mística, es necesario conocer las raíces de Lourdes.

Los Pirineos, una cadena montañosa de cimas nevadas que forma una línea casi recta cual flecha entre las aguas azul cobalto del Atlántico y el Mediterráneo, servía como una frontera natural entre las antiguas Galia e Iberia (lo que hoy en día es Francia y España, respectivamente). Su nombre deriva de la afluente ciudad de Pyrene, que estaba asentada en la costa mediterránea, rodeada por las imponentes montañas de Béout, Pibeste, Hautacam, y Pic du Jer. Si uno caminara hasta la cima del Pic du Jer, a 948 msnm, se deleitaría con la vista panorámica e ininterrumpida de la pintoresca ciudad de Lourdes, escondida en sus estribaciones, específicamente el valle de Argelès-Gazost y los picos pirenaicos.

La evidencia arqueológica muestra que Lourdes, o como era llamada, la *Ville de Lourdes*, que ahora se encuentra en la región administrativa de Occitania en el suroeste de Francia, ha estado habitada desde la prehistoria. Se cree que las cuevas del cerro de las Espélugues, esparcidas por las orillas del rio Gave de Pau, han estado habitadas por humanos desde la era Magdaleniense, cerca del deshielo de la última glaciación, y han sido consistentemente colonizadas por diversas comunidades y culturas durante más de catorce milenios.

Fue hacia la segunda mitad del siglo XIX que las autoridades inadvertidamente se encontraron con un tesoro de descubrimientos arqueológicos. El más renombrado de estos artefactos fue un caballo en miniatura desenterrado en 1886, exquisitamente tallado de un colmillo de mamut. Otros hallazgos que dan indicios de vida durante estas épocas antiguas incluyen vestigios de viejos muros; curiosos fragmentos de esculturas, alfarería y lápidas; así como también extrañas herramientas hechas de piedra y huesos de animales. Tales descubrimientos también sugieren que estos valles, incluyendo la región que albergaba la *Ville de Lourdes*, se habrían beneficiado de un amplio suministro de agua fresca, animales salvajes y refugios naturales que permitían la auto sustentación, lo que llevó a la ocupación humana estable durante miles de años.

Tras la conquista de Galia y el subsiguiente surgimiento del imperio Romano, Lourdes fue transformada en un *oppidum*, o ciudad fortificada. Un poderoso castillo de piedra, el Mirambel, fue erigido estratégicamente sobre un promontorio sobresaliente que se alzaba sobre la nueva ciudad romana, la cual no solo albergaba a los gobernantes romanos, sino que aseguraba el portal principal hacia los Siete Valles del Lavedan.

Fotografía de los restos de un fuerte en Lourdes, por Jean-noël Lafargue

La obsesión de los lugareños con los manantiales sagrados resulta no ser nada nueva. Sus ancestros, los bigourdans, así como los ligures neolíticos de lo que hoy es el noroeste de Italia, veneraban a su propia diosa del agua. Los ligures, como lo indican crudos petroglifos descubiertos en el valle de Camonica, adoraban a una "Diosa-Madre" a la que llamaban *Marija Gambustas*, o "Morgana", abreviado. Morgana era la personificación de un espíritu todopoderoso que protegía las grutas y colmaba de nuevo los manantiales sagrados de la tierra.

Morgana sería luego helenizada por los griegos como la diosa titánide del agua dulce y los manantiales, Tetis, y luego romanizada como Diana, una deidad que presidía sobre las sombras de la luna, la caza y la naturaleza en general. En la ciudad de Nîmes, que se encuentra en el sur de la región de Occitania, al oeste de Lourdes, han sido descubiertos restos de templos de dos mil años de antigüedad dedicados a Diana. La adoración de estas deidades paganas solo sería relegada a un segundo plano -y finalmente dejaría de existir- con el advenimiento del periodo cristiano, cuando fue sustituida con una más completa (y dicen algunos, incluso más mítica) diosa maternal: la Virgen María.

Los bigourdans se sentían especialmente atraídos por los manantiales de montaña, porque los consideraban el "elíxir de la Madre Tierra". Sus inexplicables propiedades medicinales, se creía, no provenían solo de Tetis o Diana en sí mismas; las más oscuras profundidades de estos manantiales nacían del inmaculado "vientre de la Madre Tierra" y entraban en contacto con la materia cruda del "mundo exterior", bendiciéndolo así con sus inescrutables poderes curativos. Serían estas explicaciones las que servirían como los fundamentos del folklore transmitido de generación en generación.

En cuanto a las creencias de los bigourdans, estos manantiales sagrados eran directamente responsables por la resiliencia de la tribu, el bienestar de cada individuo y las bondades de la naturaleza, es decir, la fecundidad de sus cosechas, las condiciones climáticas, y demás. Teniendo esto en mente, era el deber de la tribu preservar la pureza de estas aguas sagradas. Estos cuerpos de agua fueron cubiertos con estructuras de piedra para proteger los manantiales de la exposición al sol y otros contaminantes, y pequeñas aberturas circulares de piedra fueron construidas sobre éstas, creando así algunos de los primeros pozos. Mientras que los bigourdans estaban convencidos de la "purificación" de estos manantiales a través de pozos, honrando así los deseos de la Madre Tierra, recientemente ha sido revelado por científicos que el tipo de piedra usada para la construcción de estos pozos contaba con una radiación benigna que repelía las bacterias dañinas. Esto a su vez creó y prolongó la ilusión de que estos manantiales estaban repletos de poderes sobrenaturales, cuando en realidad probablemente eran la fuente de agua menos contaminada y, por ende, más sanitaria, disponible.

En los años siguientes, la acogedora aldea de Lourdes se convirtió en el hogar de una colorida variedad de razas y culturas, desde los invasores visigodos a los sarracenos, y después, los francos. El año 406 fue especialmente desastroso para los romanos que se habían asentado en esas partes, pues serían víctimas de los vándalos germánicos, quienes aterrorizaban a los miembros vulnerables de la comunidad, como los ancianos, niños y mujeres desarmadas, y devastaban todo a su paso. No mucho después, los visigodos, una rama de los godos germánicos que emergieron del sur de Escandinavia, expulsaron a la mayoría de los romanos de Lourdes y arrebataron las riendas a los vándalos, declarando su derecho sobre la aldea y el castillo de Mirambel, hasta que éste fue tomado por una fuerza usurpadora sarracena a comienzos del siglo VIII.

Fue durante la época de los sarracenos, quienes venían de Al-Andalus (la Iberia musulmana), que la aldea fue supuestamente bautizada con su nombre. Los sarracenos lograron mantener el control hasta el año 778, pero su presencia nunca sería bienvenida, desde el primer día. A partir del 732, las regiones circundantes y de los márgenes de lo que hoy es Lourdes se convirtieron en el escenario de varias escaramuzas entre Mirat, el líder de los predecesores musulmanes, y Carlos Martel, príncipe de los francos y líder de facto de Francia.

Hijo ilegítimo del estadista y competente comandante francés, Pipino de Heristal, Martel se esforzó doblemente para probar su valía, levantó lo que consideró que era un "ejército profesional" conformado por decenas de miles de feroces guerreros, e instigó una serie de campañas para expulsar a los sarracenos de Francia. Para escapar de las tropas francas, los sarracenos se dispersaron y la mayoría de ellos regresó rápidamente a España. Pero una fracción ambiciosa de estos soldados sarracenos huyó hacia otra parte de las fortalezas de Aquitania, en el suroeste de Francia, y conquistó varios dominios allí que incluían el castillo de Mirambel en Lourdes. Sería solo 46 años después, al regresar de la exitosa "Reconquista" en España, cuando Carlomagno, el rey cristiano de los francos y nieto de Martel, retomaría lo que su abuelo comenzó.

En la primavera del 778, los moros en la fortaleza de Mirambel se despertaron sobresaltados por los inconfundibles y cada vez más fuertes sonidos de miles de botas de cuero y cascos de caballos que golpeaban sobre la temblorosa tierra. Los moros se apresuraron a entrar en acción, pero la emboscada los tomó por sorpresa, y pronto estuvieron completamente rodeados por los hombres de Carlomagno. Aun así, Mirat, quien era también un líder militar habilidoso e ingenioso, movilizó a sus hombres, bloqueó las puertas con barricadas y agudizó las defensas del castillo, pues Mirat había jurado en el nombre del Profeta Mahoma que nunca capitularía ante ningún mortal común y corriente.

Quedando así inaccesible el castillo para las tropas francas, un iracundo Carlomagno ordenó a sus hombres que localizaran y tomaran el control de todas las posibles fuentes de agua y alimentos, cortando el acceso de los asediados a todas las necesidades básicas, en una de las primeras versiones de la estrategia de "rendición o hambre". Para disgusto de Carlomagno, los adaptables sarracenos no eran ajenos a las duras condiciones y retos que venían con la guerra, y se negaron a ceder a sus reiteradas demandas. Como era de esperarse, Carlomagno estaba cada vez más intranquilo, e incluso comenzó a consultar con sus subordinados acerca de la cancelación del asedio, pero parece que algún poder superior tenía en mente un giro en los acontecimientos.

Una impresionante águila con radiante plumaje dorado volaba en el cielo sobre el castillo de Mirambel, y de pronto, dejó caer el pez que llevaba en el pico a tan solo centímetros de los pies de Mirat. Pero en lugar de apaciguar los ensordecedores gruñidos de hambre y el dolor que le carcomía el estómago, Mirat recogió el pescado y lo arrojó por encima del muro del castillo, gritando lo suficiente para ser escuchado por sus oponentes: "¡Tengo 20.000 más como ese en la cisterna del castillo!". Aunque la realidad era claramente lo opuesto, parecía que los sarracenos, aunque acorralados y aislados de cualquier recurso, habían de alguna manera acaparado tanta comida, o eran tal vez tan indomables, que podían darse el lujo de desechar lo que parecía ser un regalo de los cielos.

La furia de Carlomagno ante la bravuconada de Mirat no hizo más que crecer, pero a su confiable compañero, Turpin, el obispo de Le Puy-en-Velay, algo le olía raro, y no era precisamente la trucha que aún se retorcía a los pies del iracundo rey franco. Tras enviar un grupo de hombres a investigar, Turpin pronto comprendió que el vacío intento de machismo de Mirat era, de hecho, precisamente eso. Sea como fuere, sabía que el testarudo y ególatra Mirat jamás se rendiría ante ellos. El astuto Turpin instó entonces al rey a mantener su compostura y solicitó que sus hombres fueran puestos a la espera. Él negociaría en nombre del rey, pero esta vez, jugaría bajo las reglas de Mirat. "Como no se rendirá usted ante el rey Carlomagno, quien es el más ilustre de los mortales -dijo Turpin osadamente al líder sarraceno- ríndase entonces ante la más noble Señora que ha existido jamás, la Madre de Dios, nuestra Señora del Puy. Soy de ella sirviente. Conviértase usted en su caballero".

Mirat quedó al parecer tan sobrecogido, ya fuera por la gracia del Espíritu Santo o por el delirio provocado por la inanición, que cayó de rodillas y respondió: "Entrego mis armas y a mí mismo con todo lo que poseo a la madre de Dios, Nuestra Señora del Puy". Y continuó, según los reportes, experimentando un cambio instantáneo de corazón: "Y consiento en su honor convertirme en cristiano".

Según otra fuente, no fue únicamente el ultimátum de Turpin lo que provocó este cambio de corazón. Si bien Mirat mantuvo en apariencia su valentía para no desmoralizar aún más a sus hombres, el supersticioso moro había visto al águila literalmente como un ave de mal agüero, y como resultado, comenzó a cuestionar seriamente su fe. Con el tiempo, accedió y dio la orden de desmantelar la barricada, pero no se convertiría por completo hasta su visita a la Virgen Negra de Le Puy-en-Velay.

Unos días después de su reticente rendición, Mirat caminó hasta la cima del Mont Anis en la aldea cercana, sus brazos cargados de regalos, y su corazón, de dudas. Fue solo cuando sus ojos se posaron sobre el altar y la impresionante variedad de flora y fauna en el santuario que, sobrecogido por la emoción, se comprometió al cristianismo. El antiguo líder moro fue entonces nombrado caballero por Carlomagno, tras ser bautizado con el nombre cristiano de "Lorus".

Ahora que había cambiado sus lealtades, Lorus fue designado por el rey como el encargado del castillo de Mirambel, cuyo nombre fue entonces cambiado al de castillo de Lorus, en honor a su nuevo comandante cristiano. El pueblo bajo el castillo fue entonces llamado "Lourdes", en honor al primer converso musulmán de la Santa Madre. Esta leyenda sería luego inmortalizada en el escudo de armas del pueblo, el cual muestra un águila con una trucha plateada en el pico, posada sobre el parapeto almenado del castillo de Lourdes.

A lo largo de la Edad Media, la *Ville de Lourdes* sería plagada por más invasiones de potencias extranjeras. En el 841, el castillo de Lourdes fue asaltado por tropas normandas, y si bien sus defensores sufrieron pérdidas considerables, perseveraron, y con el tiempo, rechazaron a los invasores. Desafortunadamente, durante las décadas siguientes el poderío franco se debilitó, y por más que intentaron mantener su control sobre la fortaleza de Lourdes, finalmente les fue arrebatada por los "albigenses", un término derogatorio acuñado por la Iglesia católica para describir a los herejes cátaros del sur de Francia.

Cuando el siglo XII se acercaba a su final, el castillo cayó en las manos abiertas de Arnold-

Raymond, vizconde de Tartas, un aristócrata de alto rango de Nueva Aquitania, en el suroeste de Francia. El vizconde fue el primero en abstenerse de mudarse al castillo, y solo mantuvo la propiedad como una pieza de negociación, y como tal, el *chateau* cayó en desuso, al ser pasado de mano en mano a medida que las relaciones florecían y se deterioraban.

Sintiendo compasión por el estado en que se encontraba la otrora temible fortaleza, su nuevo propietario, Carlos el Hermoso, tercer hijo del "Rey de Hierro", Felipe IV de Francia, comisionó la muy necesaria renovación del castillo, así como la modernización de sus defensas y anticuado equipo. Ocho años después, Carlos, quien sería conocido por sus súbditos como "Carlos IV", fue nombrado Rey de Francia.

En 1361, Francia e Inglaterra se encontraban enfrascadas en la terrible Guerra de los Cien Años, la cual libró la Casa Real inglesa, los Plantagenet, contra la Casa de Valois, en lo que fue esencialmente un "tira y afloja" de un siglo por la Corona francesa. Toda la región de Bigorre, incluyendo Lourdes, fue cedida a Eduardo, el "Príncipe Negro" de Gales e hijo del rey Eduardo III de Inglaterra, según lo estipulado en los términos del Tratado de Brétigny. Al tener toda la intención de mantener el castillo de Lourdes bajo posesión de los Plantagenet, Eduardo reunió un pequeño pero despiadado ejército de unos 200 o 300 mercenarios, a quienes él llamaría la "Compañía de Lourdes", para asegurar la propiedad.

La Compañía de Lourdes estuvo capitaneada por Peter-Arnold y Juan de Bearne, quienes, en un esfuerzo por afirmar su dominio sobre el área, realizaban incursiones regularmente contra los hogares y negocios en el pueblo para confiscar cualquier tipo de armamento que pudieran encontrar, y saquear su comida y provisiones. Como era de esperarse, el castillo se convirtió una vez más en el blanco de múltiples ataques. En 1369, bajo instrucciones estrictas del rey Carlos IV de Francia, el general Du Guesclin, nativo de Brittania, asedió el castillo de Lourdes, pero la Compañía de Lourdes, asistida por un recientemente reforzado muro cortina, fosos más anchos y profundos, y una poderosa línea de armamento, tomó represalias con sus propias catapultas, mientras que arqueros disparaban desde las torretas contra los enemigos que se aproximaban, junto con otros soldados que lanzaban piedras, rocas y estiércol petrificado a través de las aspilleras del castillo. Tras sufrir una serie de fracasos, un humillado Du Guesclin y sus hombres se retiraron.

El castillo continuó siendo propiedad de la Corona inglesa hasta el final del siglo XV. Juan I, duque de Borbón y conde de Clermont-en-Beauvaisis, fue el siguiente en hacerle frente al desafío. Ya que la guarnición inglesa dependía de las cosechas y fuentes de agua locales para sobrevivir, las tropas francesas prendieron fuego a grandes extensiones de campo abierto, erradicando hectáreas de productos agrícolas y animales de granja. La Compañía de Lourdes, que se debilitaba rápidamente, logró mantenerse por un tiempo, pero tras dieciocho penosos meses, finalmente levantaron su bandera blanca. Para el final de 1406, el castillo había sido devuelto al hijo y sucesor de Carlos V, quien sería conocido como Carlos VI de Francia.

En 1425, menos de dos décadas después, el castillo fue arrebatado una vez más por Juan I, conde del condado independiente de Foix, en lo que hoy es el sur de Francia. Durante casi un siglo y medio el castillo permaneció sin ser perturbado, hasta el estallido de las Guerras de religión de Francia en 1569. Esta emboscada fue encabezada por el líder de los hugonotes (un grupo de protestantes "reformados"), Gabriel, conde de Montgomery y capitán de la *Garde Écossaise*, los guardianes de los monarcas franceses. Por desgracia, Gabriel, ahora el fiel lugarteniente de Jeanne d'Albret -otra figura clave del movimiento hugonote- junto con sus hombres, sería expulsado del lugar en poco más de dos semanas.

Las Guerras de religión, también conocidas como las "Ocho Guerras de Religión", se prolongarían por 38 años, durante los cuales el castillo experimentó otro ciclo de transiciones en cuanto a su propiedad. Los aldeanos en Lourdes también se vieron forzados a soportar oleada tras oleada de incursiones violentas por parte de fuerzas extranjeras bajo diversas banderas. La peor de sus desventuras llegó a finales de la década de 1580, durante la cual los protestantes de Bearne (una provincia en los Pirineos), guiados por Enrique de Navarra, lucharon vehementemente contra los católicos romanos locales.

Esta nueva escaramuza fue provocada por un impopular compromiso de paz que garantizaba la libertad de culto a los hugonotes, y exacerbada por la declaración de Enrique, infame simpatizante hugonote, como el heredero al trono francés en 1584. Lourdes se vio atrapado en medio de la tumultuosa lucha, y peor; lo que quedaba del menguante pueblo fue saqueado e incendiado. Sería solo cuando Enrique fue presentado con la corona y el cetro franceses para reinar como Enrique IV, en 1589, que se restablecería una cierta paz en la zona. Cuatro años después, Enrique, quien estaba decidido a mantener su doble título de rey de Navarra y Francia, se convirtió al catolicismo.

Representación medieval de Enrique IV

En 1607, el condado de Bigorre fue anexado oficialmente por la Corona francesa, y como tal, el castillo de Lourdes y su pueblo fueron etiquetados como propiedad de la Corona. Los gobernadores del rey francés fueron entonces encargados con la implementación de otra serie de renovaciones, que incluyeron la reconstrucción de paredes faltantes o derruidas, un nuevo puente levadizo y estacada, y otros componentes del castillo. Durante las décadas siguientes, los habitantes de Lourdes disfrutaron de una relativa paz, a medida que trabajaban por reconstruir su traumatizado pueblo.

Resultó que los pobladores tenían más de qué preocuparse que solo potenciales ataques a su pueblo y ciudadela. La mayoría de estos ataques podían, al menos, ser pronosticados, pero sería la impredecible ira de la Madre Naturaleza, y sus consecuencias, la que probaría ser más calamitosa. El 21 de junio de 1660, Lourdes, y el resto de la región central de los Pirineos, fue sacudida por un espantoso terremoto que habría medido 6.1 (8.5, según otras fuentes) en la escala de Richter.

Si bien el castillo resultó más o menos ileso, el frágil tipo construcción del siglo XVII, y aún más en este pueblo endeble, no tenía oportunidad alguna de resistir los temblores. La mayoría de los recién construidos molinos de trigo y maíz, casas, apotecas y tiendas, se derrumbó, y lo que quedaba de las estructuras que apenas estaban en pie, quedó gravemente afectado. Peor que todo eso; el desastre se cobró al menos treinta vidas. Los expertos estiman que, si un terremoto de igual magnitud golpeara algún lugar hoy en día, la cifra de muertos sería muy probablemente el triple, debido a la mayor densidad poblacional en las ciudades modernas.

Un poco descorazonados, pero resueltos a continuar adelante, los habitantes de Lourdes unieron sus manos en oración, y con algo de ayuda de la administración real francesa, lento pero seguro, reconstruyeron su pueblo.

Desde el reinado de Luis XIV, quien llevó el cetro desde la segunda mitad del siglo XVII hasta su muerte, en 1715, el castillo de Lourdes fue convertido en una prisión estatal, apropiadamente llamada la "Bastilla de los Pirineos". El castillo luego estuvo temporalmente desocupado, pero fue revivido como prisión estatal durante la década que duró la Revolución Francesa (1789-1799), y una vez más durante los años de la era napoleónica a principios del siglo XIX.

Cualquiera que fuera encontrado culpable de traición y otros crímenes contra la Corona era encadenado en un abrir y cerrar de ojos, y arrojado en los cuartos individuales del castillo, que habían sido vaciados completamente, para la inconveniencia e incomodidad de los prisioneros; aquellos acusados de las peores ofensas eran confinados en oscuras celdas bajo la superficie.

El Castillo de Lourdes

Ni siquiera las celebridades locales, pensadores respetados, nobles influyentes o funcionarios de alto rango estaban exentos de la "cacería de brujas". Entre los más notables de los acusados de producir propaganda antimonárquica y otros puntos de vista poco ortodoxos que desafiaban la norma se encontraban el filósofo francés Maine de Biran, un defensor de la "psicología intuitiva mística"; el general Constantin Dennis Bourbaki; y el duque de Mazarin, sobrino nieto del cardenal Jules Raymond Mazarin, ex primer ministro de los soberanos franceses.

Pero no solo eran aquellos bajo sospecha de conspirar contra el régimen quienes eran encarcelados; incluso la más leve ofensa podía hacer terminar a alguien tras las rejas. Henri Lasserre, un periodista católico francés del siglo XIX y autor de "Nuestra Señora de Lourdes", afirmó en su libro haber adquirido una copia auténtica de los registros de la prisión estatal, en la que se enumeran algunos delitos triviales, como estos: "Falta de espíritu cívico... Ebrio... No le importa la Revolución Francesa... Solía mentir como un saca-dientes... Hipócrita... Tímido en sus opiniones...".

Mientras tanto, el pueblo de Lourdes a comienzos del siglo XIX comenzó a ser más prominente como un popular centro de comercio, ya que estaba ubicado en la intersección de la "trinidad" de rutas comerciales y de comunicación: hacia el este, Toulouse, conocida por su producción de colores pastel (creyones hechos de pigmentos en polvo); al sur, España, experta en agricultura; y al oeste, una variedad de bienes básicos y exóticos del Atlántico.

Aunque las arcas del castillo comenzaron a mermar peligrosamente hacia mediados del siglo XIX, el pueblo prosperó bajo el ala del emperador Napoleón Bonaparte. Fueron establecidas nuevas escuelas, la producción agrícola se incrementó, y hubo un mejoramiento general de las condiciones laborales. Para cuando el reinado del emperador llegó a su fin, habían sido establecidos por lo menos ocho nuevos molinos, que proveían a los cerca de 4.000 residentes de alimentos más que suficientes.

Al mismo tiempo, Lourdes supo aprovechar su posición geográfica, alimentando, albergando y atendiendo a los turistas que viajaban a Barèges para un tratamiento de spa. La comuna adyacente de Barèges se había convertido en el ajetreado centro de una industria floreciente de balnearios, con miles de personas que venían de cerca y de lejos, deseosas de remojarse en los sensacionales manantiales termales y "antibióticos" que habían surgido en la región a lo largo de los años.

Las preciadas fuentes en Barèges eran prácticamente antigüedades. Se requieren unos 8.000 años para que el agua de lluvia se escurra por los Pirineos, permee los sedimentos de la superficie y penetre la roca cruda que está debajo, creando así ricas e hirvientes piscinas que contienen azufre en varios depósitos alrededor de los valles y estribaciones de la cadena montañosa; Barèges parecía estar repleto de éstas.

Cuando los lugareños se dieron cuenta de que el agua recolectada de estos potentes pozos sulfurosos era no solo capaz, sino excepcionalmente efectiva en desinfectar y curar los rasguños y heridas infectadas del ganado discapacitado, el rey Luis XIV envió allí algunos de sus soldados heridos. Para su deleite, los soldados experimentaron mejoras drásticas en su salud en cuestión de días, y algunos incluso afirmaron estar completamente curados de sus dolencias. Habiendo tropezado así con su propio "ganso de oro", las autoridades locales invirtieron enseguida en varios nuevos hoteles, restaurantes y lugares para el esparcimiento.

Rápidamente se corrió la voz sobre los manantiales antibióticos curativos en Barèges, y pronto el resto de las comunas en los Altos Pirineos se apresuraron a sacar provecho de la tendencia. En 1841, para asegurar cierta ventaja ante la creciente competencia, la comuna de Cauterets, ubicada en el siguiente "valle sin salida", estableció su primera casa de baños pública sobre uno de sus manantiales termales y la publicitó como una fuente saludable de azufre y silicato de soda, los cuales eran ingredientes vitales necesarios en la curación de enfermedades respiratorias, dolor muscular, enfermedades de la piel y demás enfermedades relacionadas.

Puesto que estos manantiales medicinales estaban claramente de moda en el momento, no había mucha necesidad de promocionar estos baños; los clientes acudían en masa por su cuenta. Para atender la demanda y el creciente número de visitantes, las autoridades pavimentaron su primera carretera y establecieron las Termas Cesar, un grupo de nuevos baños públicos, en el centro de la ciudad, que hasta el día de hoy continúa ofreciendo alivio a cualquiera que lo busque.

Entre la larga lista de visitantes intrigados se encontraban los reyes Eduardo VII de Inglaterra y Alfonso XIII de España; la ilustre actriz de teatro, Sara Bernhardt; el padre del Romanticismo, François-René de Chateaubriand; el poeta Víctor Hugo; los novelistas Gustave Flaubert y "George Sand", y la princesa de Georgia, Ana Gruzinsky-Golitsyn.

El fenómeno atemporal que empujaría a Lourdes al centro de la atención se establecería con este trasfondo cautivador, y algo sórdido.

Una Revelación

"La Santísima Virgen me usó como una escoba, y luego me puso de vuelta en mi lugar". – Atribuido a Bernadette Soubirous.

Bernadette

De no ser por una joven doncella de nombre Bernadette Soubirous, lo que ahora se conoce como el bienamado Santuario de Nuestra Señora de Lourdes, el centro -o como dirían algunos, el "ganso dorado"- de esta pequeña ciudad comercial no existiría, y el pueblo mismo no sería más que otro punto desconocido y con frecuencia desapercibido en el intrincado mapa del sur de Francia. Por ende, para comprender mejor los orígenes del santuario y su significancia en el mundo católico, primero debemos indagar en la fascinante vida de la señorita Soubirous.

Bernadette nació el 7 de enero de 1844 en Lourdes, para entonces un burgo insulso y escasamente poblado, hija de François y Louise Soubirous. La mayor de 9 hermanos, fue llevada casi de inmediato a San Pierre, la iglesia parroquial de la pareja católica, y bautizada por el sacerdote local. Aunque la enfermiza niña, nacida prematuramente, lucía terriblemente pequeña en su moisés, sus padres la atesoraron igualmente, pues era para ellos su pequeño milagro.

La llegada de la bebé Bernadette fue un muy necesitado atisbo de luz en la vida de la miserable pareja. Durante los primeros años de su matrimonio, los jóvenes esposos vivieron en la comodidad de la clase media-alta, con François, un respetado molinero, como el único sostén de la familia. Pero tan grande como los principios del piadoso François, era su falta de sentido para los negocios. Sin darse cuenta permitió que otros comerciantes inescrupulosos explotaran su generosidad, y tomó una decisión cuestionable tras otra, hasta que su negocio se vino abajo completamente.

El ahora desempleado François se reincorporó rápidamente a la fuerza de trabajo, pero con sus limitadas habilidades, solo podía conseguir empleos casuales aquí y allá, que apenas cubrían los gastos. Las finanzas empeoraron a medida que la familia seguía creciendo, y aunque Louise contribuía con sus trabajos diurnos, trabajando como lavandera y sirvienta, los Soubirous se vieron incapaces de salir del resbaloso agujero de la pobreza. Se dice que la familia llegó a tal indigencia, que el abrumado François comenzó a beber habitualmente y, en más de una ocasión, fue puesto tras las rejas por hurtos lastimosamente menores, que iban desde algunas hogazas de pan, hasta un simple leño para hacer fuego.

Dada la penuria de la familia, Bernadette se vio privada de su infancia. Jugar no era más que un sueño en su casa, y siendo la mayor, estaba encargada de cuidar de sus hermanos cuando sus padres estaban trabajando. Esta era una tarea especialmente difícil para Bernadette, quien padecía de asma y de las secuelas de un ataque de cólera que sufrió cuando era muy pequeña, pero se esforzaba por honrar las expectativas de sus padres, sin quejarse.

Una de sus vecinas recordaría después a Bernadette, de doce años, caminando con dificultad hacia su madre llevando a su hermanito menor cargado en un cabestrillo para que Louise, que estaba trabajando como recolectora en las cosechas ese verano, pudiera amamantarlo. La piadosa adolescente incluso se encargó de ayudar en la educación religiosa de sus hermanos.

Los Soubirous se vieron obligados a mudarse de su relativamente espaciosa casa, a una escuálida celda en una antigua prisión que había sido reconvertida en residencias de apartamentos monoambiente que parecían más una caja que otra cosa. Las condiciones en su nueva vivienda, apropiada y perturbadoramente apodada "Le Cachot" o "El Calabozo", eran al parecer tan horrorosas que era considerada no apta para habitación humana y, sin embargo, allí estaban. Muchos afirman que fue la atmósfera peligrosamente húmeda y fría de Le Cachot lo que empeoró las enfermedades y dolencias de Bernadette.

Puesto que había apenas lo suficiente para alimentar a la numerosa familia, incluso una vez al día, Bernadette, junto con sus hermanos y hermanas, se vio privada de una educación escolar apropiada. Ella era "funcionalmente analfabeta", y estaba tan atrasada que aún tomaba sus lecciones de catecismo junto a niños de siete años, cuando tenía trece. Sea como fuere, Bernadette era un alma brillante y efervescente que no permitió que la sombría oscuridad de las desigualdades de la vida apagara su luz interior. Aquellos que la conocieron la describían como una niña dulce, honesta y de buenos modales que cumplía con sus obligaciones, religiosas y en general, de la mejor manera que podía.

Poco después de cumplir trece años, Bernadette fue enviada a Bartres a vivir con su tía, Marie Arevant, para aliviar las cargas económicas de su familia. A cambio del alojamiento gratuito, se esperaba que Bernadette ayudara con la cocina y la limpieza, y que cuidara de un pequeño rebaño de ovejas. Al principio Bernadette se esforzó por contar sus bendiciones, e intentó buscar consuelo en la compañía de las ovejas y sus balidos, pero a medida que pasaban los meses, el silencio de las interminables pasturas que la rodeaban, comenzó a abrumarla.

La nostálgica Bernadette escribió cartas a sus padres detallando sus deseos de regresar a casa. No solo estaba emocionalmente agotada por el aislamiento que conllevaba la vida de pastora; sus ánimos eran abatidos por su igualmente extenuada, y por lo tanto irritable, tía Marie, quien con frecuencia despotricaba del analfabetismo de la niña.

Bernadette se había sentido cada vez más agitada por el hecho de que no había recibido su primera comunión, estando ya cerca de los catorce años, y le había pedido a su madre de acogida que la preparara para el sacramento. Más por obligación que por deseo, su tía inicialmente complació a Bernadette, solo para rendirse antes de finalizar la primera lección, declarando a su sobrina demasiado tonta para absorber el material.

Bernadette, siendo solo humana, y además una adolescente, se sintió herida, pero se rehusó a dejarse desilusionar por la negatividad de su tía. Bajaba la cabeza y se mordía la lengua cada vez que se burlaban de su inteligencia o sus discapacidades. Cuando quienes la menospreciaban no podían escucharla, era su hábito recitar este mantra para mantener su cordura intacta: "Al menos siempre sabría cómo amar al buen Dios".

Algunos dicen que fue la ignorancia de Bernadette lo que hizo que los eventos que se sucedieron fueran más creíbles y sólidos. Otros insisten en que la muchacha poseía una mente con mucha más profundidad, intelecto y entendimiento de lo que dejaba ver. Dotada de tal ingenio, sostienen, que estaba a punto de poner no solo al pueblo, sino prácticamente al mundo entero bajo su hechizo.

En el invierno de 1857 se le permitió por fin a Bernadette regresar a Lourdes. Se liberó de las presiones que soportaba en Bartres, solo para volver a cargar con sus antiguas y uniformemente agobiantes responsabilidades, pero estaba encantada de estar de nuevo en un entorno familiar. Regresó enseguida a los monótonos patrones de la aburrida vida que había dejado atrás. No tenía idea de que esa tediosa pero reconfortante monotonía a la que se había acostumbrado pronto se rompería.

El 11 de febrero de 1858, Bernadette fue enviada a recoger madera suelta para leña junto a la Massabielle con su hermana de nueve años, Marie-Toinette, y una niña vecina de doce años, llamada Marie Abadie. No había nada fuera de lo común en la tarea en sí, pues era una labor que rutinariamente se les confiaba a las niñas cada semana. Como de costumbre, las dos Maries se tomaron del brazo y se fueron dando saltos hacia la Massabielle, dejando atrás a Bernadette para que las alcanzara por su cuenta. Cuando llegaron al somero arroyo junto al promontorio rocoso, se quitaron sus zapatos de madera y lo atravesaron, gritando a Bernadette mientras caminaban para que apurara el paso.

Agitada, Bernadette se sentó junto a la orilla del arroyo y comenzó a quitarse las medias. Era espantoso tener que sumergir los pies en el entumecedor frío, más escarchado aún por ser febrero, pero antes de que pudiera meter un vacilante dedo para probar la temperatura del agua turbia, una ráfaga de viento súbita y silbante la sacudió. Volteó la cabeza por instinto, y se encontró con una vista desconcertante.

Parecía haber una bola de viento flotando sobre el espacio de terreno cubierto de hierba justo afuera de la sombría gruta; toda la vegetación alrededor permanecía extrañamente quieta. Bernadette estaba indecisa. Por un lado, los rumores de la naturaleza embrujada de la gruta la desalentaban de moverse de donde estaba junto al arroyo. Por otro lado, una voz en su cabeza la alentaba a investigar la sucia cueva.

Cuanto más miraba atónita la gruta, más profundamente la embelesaba, tanto así que sin notar lo que hacía se levantó y comenzó a acercarse. Para su asombro, una joven de sobrecogedora belleza, bañada por un halo de luz que iluminó al instante el interior de la negra cueva, emergió de la gruta. Una rutilante nube de oro llevó a la cautivadora figura, vestida con una túnica blanca como la porcelana ceñida por una ancha faja azul y un velo a juego, a una hendidura en la esquina superior derecha de la cueva. Tan pronto como la mujer bajó de la nube y se posó en el nicho, arbustos de eglantina blanca y rosas doradas brotaron alrededor de la grieta y junto a sus pies descalzos, ante los ojos de Bernadette.

El miedo opresivo que se había apoderado de Bernadette se evaporó inmediatamente cuando la dama de ojos azules le sonrió, y sin palabras la invitó a que se acercara. Intrigada, Bernadette cayó de rodillas, y cuando la mujer sacó un brillante rosario de cuentas blancas enhebradas en una cadena dorada, la joven siguió su ejemplo. Luego registraría en un diario los detalles de su primer encuentro con la mujer: "La Señora me dejó rezar sola; pasó las cuentas del rosario entre sus dedos, pero no dijo nada; solamente al final de cada década, dijo la Gloria conmigo".

Los ojos de Bernadette se abrieron tan pronto como completó la última década del rosario, y tan rápido como había venido, la sibilina mujer desapareció. Pero Bernadette no se movió de su lugar por varios minutos, sus ojos vidriosos todavía clavados en el nicho ahora vacío. No pareció notar cuando las risueñas niñas regresaron salpicando ruidosamente por el arroyo, pues siguió sin moverse de donde estaba.

Toinette y Abadie finalmente consiguieron sacudirla de su trance y regañaron a Bernadette, bajo la impresión de que había escogido quedarse por allí relajada mientras ellas hacían el trabajo. Nuevamente, perdida en la agitación de sus pensamientos, pareció no escucharlas y no dijo nada cuando se levantó del suelo y las siguió a casa. De repente, Bernadette llamó a gritos a las sorprendidas niñas y les relató alegremente su experiencia en la gruta. Aunque su hermana menor prometió mantener la boca cerrada, la inquieta niña solo consiguió guardar silencio hasta la hora de la cena esa noche. A pesar de que no era algo que Bernadette hiciera, dado su carácter, su madre la reprendió por inventar historias para evitar sus quehaceres.

Bernadette no tenía falsas ilusiones sobre cómo sería estimada su historia por el público en general; precisamente por eso había implorado a su hermanita que guardara su secreto. Agachó en silencio la cabeza y recibió la arenga de veinte minutos de su madre, pero esa noche se encontró dando vueltas en la cama, la dama de blanco en la gruta era una presencia incesante en sus pensamientos. Y así, la tarde siguiente Bernadette visitó a su confesor, el padre Pomian, y lo consultó sobre la aparición. Como era de esperarse, el condescendiente padre Pomian desestimó su historia, y le sugirió visitar a su médico por sus alucinaciones.

Sin dejarse amilanar por la incredulidad de sus detractores, Bernadette pidió permiso a su padre para regresar a la gruta el siguiente domingo. No está claro si era la intención del embriagado François ignorar los deseos de su esposa, pero dejó ir a Bernadette, con un frasco de agua bendita para vencer a la aparición en caso de que ésta revelara ser un espectro maligno. Esta vez, Bernadette enlistó la compañía de algunas de sus amigas de las clases de catecismo, quienes entusiasmadamente accedieron a acompañarla.

Al llegar a la gruta, Bernadette se arrodilló ante el nicho una vez más. Cuando la aparición se materializó, ella blandió el frasco y roció a la figura con agua bendita, exigiéndole que "dijera si era de Dios, o si no, que se marchara". Pero la mujer no se inmutó cuando el agua traspasó su torso traslúcido, salpicando las paredes rocosas detrás de ella. Su tierna sonrisa era toda la respuesta que Bernadette necesitaba.

La paciencia de sus compañeras se estaba agotando rápidamente, pues todo lo que podían ver era a Bernadette boquiabierta, contemplando con ojos saltones lo que parecía ser absolutamente nada. Cuando algunas de ellas comenzaron a irse, burlándose de Bernadette para que saliera de su estupor, una de las niñas, Jeanne, tropezó y desprendió una gran piedra de la cima de la Massabielle. Las niñas se dispersaron gritando a Bernadette que tuviera cuidado con la piedra que se precipitaba, pero ella, ensimismada, permaneció pegada en su sitio.

Para sorpresa y gran alivio de las chicas, la piedra se detuvo bruscamente a meros centímetros de Bernadette. Y para su creciente incredulidad, Bernadette ni pestañeó, pues tenía aún clavada la mirada sobre el nicho vacío, con una sonrisa un poco bobalicona en el rostro. Dos de las niñas salieron corriendo y encontraron al molinero que operaba el cercano molino Savvy. El molinero regresó a la escena, y siendo un hombre corpulento y de anchos hombros que se pasaba gran parte del día levantando pesados sacos de grano y maíz, se sorprendió al encontrar que le tomó varios intentos mover a una pequeña niña que no pesaría más de 45 kg.

No importó que las compañeras de Bernadette no hubieran visto nada, el incidente con la roca fue suficiente para convencerlas de que se trataba de un evento sobrenatural. Solo que las niñas se tomaron la libertad de adornar sus historias con cautivadores pero imprecisos detalles. Por lo tanto, Bernadette se convirtió de la noche a la mañana en la materia prima de la fábrica de chismes del pueblo.

Los rumores en torno a Bernadette eran recibidos con una variedad de reacciones. Algunos se burlaban y los desestimaban como inventos derivados de su imaginación hiperactiva. Otros se hicieron eco de las preocupaciones del padre Pomian, con algunos incluso abordando a Louise en el mercado para recomendarle médicos y psiquiatras. Y luego estaban aquellos que se sentían francamente ofendidos por lo que consideraban una travesura para llamar la atención, hasta el punto de que una señora extraña supuestamente la abofeteó, por "inventar farsas". La maestra de catecismo de Bernadette, la hermana Marie Therese Vauzous, era una de éstos últimos, y reprendió a Bernadette y sus amigas en clase, advirtiéndoles que dejaran de mentir de inmediato, o se les privaría de su derecho a la primera comunión.

Parecía que todos los que estaban al tanto de los encuentros de Bernadette la rechazaban o la compadecían; todos menos un par de amas de casa adineradas de Lourdes, quienes estaban seguras de que Bernadette había entrado en contacto con el espíritu de una de sus amigas, que había muerto hacía pocos meses. Por esa razón, el 18 de febrero, las dos fueron con Bernadette a la gruta, llevando con ellas papel, pluma y tintero. Siguiendo las órdenes de las nobles damas, Bernadette mojó su pluma en la tinta y pidió a la mujer espectral que revelara su nombre y lo que quería de ella. A esto, la mujer respondió: "Lo que quiero que hagas no es necesario que lo escribas. ¿Serías tan amable de regresar aquí durante quince días? No te prometo felicidad en este mundo, sino en el siguiente".

En el transcurso de la siguiente quincena, Bernadette diligentemente hizo la caminata hacia la gruta, siguiendo las instrucciones del "fantasma". Y aunque las damas no vieron ninguna figura en el nicho, ellas también dieron crédito a los rumores sobre Bernadette. Finalmente, los rumores tomaron vida propia, a tal punto que las autoridades no tuvieron más remedio que tomar parte en el asunto. En un esfuerzo por prevenir que el problemático cotilleo se saliera más de control, los Soubirous fueron llevados bajo custodia para ser interrogados.

Las autoridades sospechaban que la historia no era más que un fraude diseñado por los insolventes y por ello desesperados padres, y estaban decididas a sacarles la verdad. Pero en lugar de retroceder o disculparse por la incorrección de su hija, o de ellos mismos, François y Louise, por razones desconocidas, comenzaron a apoyar las insólitas declaraciones de Bernadette. Sin pruebas que los incriminaran, los Soubirous fueron dejados en libertad.

Sea cuales fueran los motivos detrás de su cambio de actitud, que hoy continúan siendo un tema frecuentemente debatido, François y Louise prohibieron estrictamente a sus hijos que aceptaran donaciones y obsequios de los pobladores que buscaban las bendiciones de Bernadette.

Aunque muchos acusaron a sus padres de deleitarse en la atención que recibía su hija, de la propia Bernadette se dice que la evitaba con timidez. Dicho esto, los escépticos aseguraban que la modestia de Bernadette era puro teatro, otra táctica para aprovecharse de la compasión de la gente del pueblo.

De cualquier manera, el que las autoridades se hubieran inmiscuido solo avivó los rumores. Las personas comenzaron a acampar junto a la gruta, con la esperanza de atisbar a Bernadette o la Señora de Blanco. Esto se debía principalmente a las especulaciones de que Bernadette, al canalizar a esta figura mística, poseía un "toque curativo".

La muchedumbre en la Massabielle se fue multiplicando con cada aparición. El 19 de febrero, doce aldeanos observaron con asombro cómo Bernadette, quien había traído con ella una vela por primera vez, gesticulaba hacia el yermo nicho. Al día siguiente, la multitud se había más que duplicado, con no menos de 35 personas burlándose de lo que veían como payasadas. El 21 de febrero, la fecha de la sexta aparición, acudieron más de cien a observarla.

Tan cautivados quedaron por la "actuación" de Bernadette, que otra multitud de tamaño similar se congregó una vez más para la séptima aparición dos días después. Fue durante este episodio, que duró más de una hora, que la Señora le confió una trinidad de "secretos personales".

Esta sería también la primera vez que Bernadette indirectamente reformaría a uno de sus críticos acérrimos. Entre los presentes se encontraba un tal Dr. Dozous, un ateo profeso que buscaba desenmascarar lo que él llamaba la "Farsa de Massabielle". Llegó ese día completamente preparado para arrancar las vendas de los ojos de los impresionables lugareños. Eso, hasta que vio las manos de la hipnotizada Bernadette descansando sobre la llama abierta de su vela durante un cuarto de hora. Sin poder encontrarle una explicación lógica a las palmas ilesas de Bernadette, el enmudecido Dozous se desprendió de todo su escepticismo y se convirtió al catolicismo semanas después. Dozous luego testificaría al comisario: "He examinado sus manos: no hay el más mínimo rastro de alguna quemadura. ¡Ahora creo! He visto con mis propios ojos".

Otras fuentes, sin embargo, sitúan este intercambio entre Dozous y Bernadette mucho más adelante en la línea de tiempo.

La multitud se había triplicado para la novena aparición de la Señora en la gruta, con más creyentes y escépticos apasionados uniéndose a los ya presentes. Fue en esa ocasión cuando la Señora le indicó que "bebiera del manantial", dirigiéndola específicamente lejos del arroyo que había detrás. Indiferente a las burlas de la multitud, Bernadette se arrastró por el lodoso suelo de la gruta, bebiendo frenéticamente de charcos y arrancando montones de hierba para masticarlos.

Los perturbados testigos se apresuraron hacia ella, y a pesar de las protestas de Bernadette, la levantaron del suelo y la enviaron a casa. Más tarde ese día, fue convocada a la oficina del Fiscal

Imperial de Lourdes, quien, al igual que todos los demás, estaba seguro de poder persuadirla de que cesara la elaborada broma. Solo que no logró obtener ninguna respuesta de la "simplona" Bernadette, que no estuviera ya en circulación, ni pudo tampoco hacerla contradecirse, por mucho que lo intentó, pues ella se apegó a su historia como el arroz a la olla.

Al día siguiente, Bernadette regresó a la Massabielle, esta vez solo con un puñado de sus seguidores fieles. Y he aquí que una serpentina corriente fluía descendiendo hacia el arroyo, su fuente el pequeño pozo de agua cristalina que surgió bajo una de las rocas que había levantado el día anterior. Muchos dicen que el descubrimiento del manantial por parte de Bernadette fue uno, si no el primero, de los milagros en la gruta. Esto fue todo lo que se necesitó para ganarse de nuevo a la caprichosa multitud, y cada uno de ellos trajo consigo cada vez a más amigos y allegados.

Para cuando se produjo la aparición número trece, el 2 de marzo, los curiosos en la gruta habían alcanzado un máximo histórico: 1.600. Finalmente satisfecha con la multitud que había procurado, la Señora le encargó a Bernadette convencer a los sacerdotes locales de que construyeran en el lugar un santuario para ella. Y así, la joven hizo una cita con el párroco, el padre Dominique Peyramale, y le transmitió el mensaje.

Por desgracia, el hombre ocupado que era Peyramale, la calló sin dejarla siquiera terminar de hablar y la expulsó de sus aposentos. Bernadette salió trastabillando de la oficina enseguida, y quedó tan traumatizada por su temperamento explosivo, que olvidó la segunda parte del mensaje de la Señora; no solo pedía una iglesia en su honor, sino que la gruta debía convertirse en un lugar sagrado de peregrinación, así como el destino final de una gran procesión. Aunque temerosa de una repetición del día anterior, Bernadette regresó a la oficina de Peyramale al día siguiente para transmitirle la mitad que faltaba del mensaje.

Esta vez, afortunadamente, el sacerdote parecía estar de mejor humor, y la complació. Aun así, en un intento por disuadir a la niña de prolongar sus embustes, Peyramale presionó a Bernadette para que consiguiera que la aparición hiciera florecer los secos arbustos de rosas en la gruta, lo que él creía una proeza imposible. Solo entonces, dijo Peyramale, encontraría peso en las palabras del fantasma.

Peyramale estaba resuelto a darle fin a esta locura de una vez por todas. Les ordenó a sus sacerdotes que mantuvieran su distancia, tanto de Bernadette como de la gruta, pues la jovencita había comenzado una tendencia, o como lo veían las autoridades, una vil epidemia. Más y más personas del pueblo, de todas las edades, aparecían de la nada diciendo haber tenido diversas visiones sobrenaturales. Eliminar la raíz de estas visiones fantasiosas, creía Peyramale, sería la única manera de "restaurar el orden en la parroquia".

Bernadette rogó a la Señora que aplicara su magia sobre los rosales sin vida junto a la Massabielle, pero ésta no respondió a la coerción. Tal como predijo el presumido Peyramale, los rosales permanecieron carentes de color. Para apaciguar un poco a Bernadette, Peyramale le propuso que le pidiera a la mujer algo más simple: su nombre. Pero cada vez que Bernadette le hacía tal pedido, la Señora solo respondía con la misma enigmática sonrisa.

Fue en esta etapa cuando Bernadette comenzó a contemplar su propia cordura; estaba tan agitada que no sintió compulsión alguna por visitar la gruta, y permaneció en casa desde el 5 hasta el 24 de marzo. Pero incluso en ausencia de Bernadette, la gente del pueblo continuó rindiendo homenaje en la Massabielle. Los más supersticiosos de estos nuevos peregrinos traían vasijas con ellos y bañaban a los enfermos y lisiados con agua del fresco manantial. Otros traían figurillas hechas a mano y velas. Así como pilas de dinero y bolsos repletos de oro y plata. Naturalmente, la presencia garantizada de los peregrinos en la gruta comenzó a atraer a vendedores de souvenirs y demás baratijas.

Bernadette no sintió nuevamente esta compulsión hasta el amanecer del 25 de marzo, la fiesta de la Anunciación. Antes de que la luz del sol coloreara el aún rosado cielo, corrió hacia la gruta, donde la aguardaban cerca de cien seguidores. Una vez más, Bernadette imploró a quien los aldeanos habían bautizado como la "Señora de Lourdes" que divulgara su nombre, pues sabía que ésta sería la única manera de que se estableciera una iglesia para ella. Finalmente, tras cuatro intentos, la mujer le dijo a Bernadette: "Que soy era Immaculada Councepciou (Yo soy la Inmaculada Concepción)". Aunque la Señora habló en perfecto dialecto occitano, el término era desconocido para los ignorantes oídos de Bernadette. Lo recitó en voz baja una y otra vez de camino a la oficina de Peyramale, y le repitió a él las palabras sin sentido.

Peyramale quedó absolutamente estupefacto ante la revelación. La doctrina que llevaba el mismo nombre, la cual predicaba que la Madre de Dios había nacido sin "pecado original", de ahí el nombre, había sido el centro de un acalorado debate en los círculos internos de la teología durante años. Era un término aún desconocido para las masas, pues había sido aprobado por el Vaticano hacía apenas cuatro años. Y con eso, Peyramale quedó enganchado. Ordenó que se acordonara y asegurara la gruta, de manera que la Iglesia pudiera profundizar sus indagaciones.

La aparición número dieciocho, el último de los encuentros de Bernadette con la así llamada Inmaculada Concepción, ocurrió el 16 de julio. Ahora con una verja erigida en torno a la gruta, Bernadette se arrodilló junto a la orilla del arroyo, y desde ahí, observó con amor el nicho. Diría Bernadette: "Pensé que me encontraba en la gruta, a la misma distancia que estuve las otras veces. Todo lo que veía era a Nuestra Señora...[y] ella lucía más hermosa que nunca".

Afortunadamente, la gruta no permanecería sellada por mucho tiempo. Los chismosos del pueblo continuaron pregonando el manantial mágico en la gruta de Massabielle a tan gran escala que la noticia llegó a oídos de la Iglesia Católica Romana, e incluso del presidente Napoleón III y su esposa, Eugenia de Montijo. Estos últimos se sintieron tan atraídos por las supuestas propiedades curativas del manantial que ordenaron al alcalde de Lourdes derribar las barricadas. Y así, la gruta fue reabierta al público el 5 de octubre de 1858.

Un vistazo en el santuario

"Que Me hagan un santuario, para que Yo habite entre ellos." – Éxodo 25: 8-9

Fotografía de la Gruta de Massabielle, por Emmanuel Brunner

La antaño letárgica Lourdes tenía que agradecer nada menos que a Bernadette Soubirous por su repentino auge en popularidad, y a su vez, prosperidad. La adormecida ciudad de 4.000 habitantes se vio tan revitalizada por el influjo progresivamente creciente de peregrinos y turistas, que construyó su primera y única estación de trenes. Ubicada justo en el centro de la comunidad, la *Gare de Lourdes* estaba a tan solo 800 m de la atracción principal: el Santuario de la Inmaculada Concepción.

El padre Peyramale y su superior, Bertrand-Severe Mascarou Laurence, el obispo de Tarbes y Lourdes, alguna vez encabezaron la lista de escépticos, pero la diferencia en el tono de la canción que ahora cantaban era fenomenal. De hecho, cuando la Iglesia compró la Massabielle y el terreno circundante que llevaba al arroyo en 1861, fueron Peyramale y Laurence quienes supervisaron la transacción. El dúo también orquestaría y encabezaría las campañas de recolección de fondos para la nueva iglesia de la Señora en 1862, el mismo año en que las apariciones recibieron el sello de aprobación del obispo.

Dado el vertiginoso crecimiento en el número de creyentes, tanto localmente como más allá de las fronteras, consiguieron rápidamente una abundancia de mecenas. Resultó que asegurar estos patronazgos sería el menos desafiante de los obstáculos que las autoridades eclesiásticas en Lourdes debieron superar.

De acuerdo con lo estipulado en el Concordato de 1801, la construcción en nuevos lugares de culto en todo el país no podía comenzar sin autorización imperial. Sabiendo el paso glacial al que el gobierno imperial se movía cuando de aprobar proyectos pendientes se trataba, el obispo Laurence intentó darle un empujón en la lista a su causa, presentando una solicitud para su aprobación dos años antes de la recaudación de fondos. Poco después de entregar su propuesta, el obispo contactó al confiable arquitecto de la diócesis, Hipólito Durand, y le informó sobre el proyecto.

Para la frustración de todos los asociados con dicho proyecto, sus consultas sobre el estado de su autorización fueron eludidas y, en consecuencia, la empresa fue puesta en pausa durante algunos años. Rehusándose a permitir que tales formalidades les impidieran establecer su extravagante santuario para la Señora de Lourdes, se movilizó una pequeña cuadrilla de construcción para un proyecto paralelo en 1863.

A pesar de lo ansiosos que estaban los líderes de la Iglesia por honrar los deseos de su recién coronada matriarca, minimizaron sus ambiciones por el momento, para evitar el escrutinio. Se dibujaron bocetos y planos para una pequeña capilla que estaría encajada en la grieta excavada en la roca de la Massabielle. Este lugar, luego llamado la "Cripta", también conocido como el "Santuario Original", es la más antigua de las estructuras entre las casi dos docenas de espacios sagrados en el gran Santuario, de 126 acres.

La construcción comenzó en septiembre de ese año, y fue culminada aproximadamente tres años después. Bernadette, ahora de veintidós años, acompañada de su padre, quien había sido uno de los obreros, acudió a la consagración de la Cripta, como invitada de honor. Lamentablemente, Bernadette no estaría presente para ver la gloriosa iglesia destinada a la Madre Inmaculada, o ningún otro componente del santuario, en realidad, pues debió partir para Nevers unos días después, y vivió allí en un convento por el resto de su corta vida.

Bernadette en 1866

La rústica capilla, iluminada a medias por luz natural y parcialmente por lámparas de cristal carmesí, está apuntalada por grupos de columnas grises, arcos góticos, techos abovedados y gruesas paredes blancas que efectivamente insonorizan este espacio sagrado. La estrecha franja de espacio en el centro de la capilla, que sirve como el pasillo, está flanqueada por dos filas de bancos donde pueden sentarse 120 personas. La congregación está de frente al altar principal, que tiene como protagonista una bella estatua de la Virgen con el Niño cincelada en mármol blanco; tiene como fondo una escultura que consiste en delgadas varas doradas desplegadas desde el centro como un abanico, de forma que asemejan un radiante estallido de luz.

Montado en el frontón sobre la entrada de la Cripta hay un medallón en mosaicos del papa Pío X, "autor de los decretos sobre la comunión frecuente y la comunión de los niños". La maravillosa obra de arte, exquisitamente creada por el virtuoso de los mosaicos Giandomenico Facchina, muestra a un sonriente Pío con su ondulado cabello grisáceo, vestido con una túnica rojo grosella con bordes en piel blanca, y en la mano un pergamino que representa el decreto de 1907 en el que se hizo reconocer a la Iglesia universal la Misa de la Aparición de Nuestra Señora de Lourdes.

Además de modelar la efigie mariana en el altar, Joseph-Hugues Fabisch, el escultor por excelencia de la diócesis de Lyon, fue encargado con la creación de una réplica de la estatua de bronce de San Pedro que se encontraba junto a la entrada de la Basílica de San Pedro en el Vaticano. Su encogida contraparte, que sería ubicada al lado derecho del vestíbulo, muestra al Príncipe de los Apóstoles posando con una mano parcialmente levantada como gesto de benevolencia y bienvenida a todos los peregrinos, y un juego de llaves apretadas en su otro puño. Tomando prestado de la tradición del Vaticano, los pies de la estatua en miniatura están irreparablemente marcados por los incontables besos de cientos de millones de peregrinos.

Aproximadamente una década después, fueron vinculados a la entrada dos pasillos, cada uno midiendo 25 m, para que la Cripta estuviera conectada a sus dos iglesias vecinas; estos pasajes también servían como "confesionarios". Las paredes de estos corredores, iluminadas por una serie de lámparas doradas, estaban adornadas con exvotos en forma de pinturas enmarcadas, tabletas, artefactos raros, obsequios y otras ofrendas votivas. También esparcidas en este tesoro de ofrendas hay "placas de acción de gracias" de mármol de la región de Campan, obsequiadas por peregrinos generosos.

Al mismo tiempo, las autoridades enfocaron su atención en la Gruta de Masabielle, el corazón latente del Santuario. Es fácilmente la parte más frecuentada del complejo, y las ganancias que se obtienen por los cerca de tres millones de velas que encienden los peregrinos en la gruta cada año, se utilizan para financiar el mantenimiento del santuario.

Considerando el espacio limitado en la cueva, no hay lugar para la cornucopia de velas compradas por los peregrinos cada día. Para remediar esto, se les pide a los peregrinos que conserven su vela cuando se detengan ante la gruta para una plegaria rápida. Deben entonces entregar sus velas a los miembros del personal, quienes luego las transportan a una unidad especial de almacenamiento cercana. Estas velas parcialmente consumidas son recuperadas luego y reencendidas en invierno, lo que "prolonga las plegarias de los peregrinos". Para poner en mayor perspectiva el número de velas que fluyen hacia la gruta: a principios del siglo XX las autoridades comenzaron a emplear a un grupo adicional de personas solo para raspar la acumulación de cera en el santuario.

En julio de 1863, las "Señoritas Lacour", dos adineradas hermanas de Lyon que tenían lazos con un prestigioso miembro del senado francés, llegaron a la gruta, y contemplaron por primera vez la estatua deslucida y algo trillada de María en el nicho. No había nada de malo con el acabado como tal, pero la estatua era demasiado pequeña para el nicho, y se veía aún más diminuta en comparación con el jarrón de flores marchitándose que había junto a ella.

Con la intención de añadir un toque de color a la húmeda y lúgubre cueva, las hermanas comisionaron a Fabisch la creación de una nueva escultura para la gruta. Esta estatua, especificaron las hermanas, sería la primera de su tipo, pues encapsularía el momento en que la Inmaculada Concepción reveló su identidad a Bernadette. Fabisch, quien trabajaba principalmente como profesor en la Universidad de Bellas Artes de Lyon, además de ser miembro de la Academia de las Ciencias, las Letras y el Arte, ya tenía suficientes ocupaciones, pero encontró los 7.000 francos de oro colgando sobre su cabeza imposibles de resistir.

Fabisch llegó a Lourdes el 17 de septiembre y buscó directamente a Bernadette. En un esfuerzo por lograr el parecido más cercano posible a la Señora, Fabisch preparó una lista de veinte preguntas sobre la aparición, como su edad estimada, los detalles de su vestimenta, e incluso los matices de sus rasgos y expresiones faciales. Tres días después regresó a la gruta con un recorte de cartón que midió contra el nicho en presencia de Bernadette, para obtener una comprensión más precisa de la posición y dimensión de la estatua. Más tarde ese día, presentó a Bernadette para su aprobación un burdo modelo tridimensional de la estatua en arcilla y trajo consigo su diario para escribir las observaciones y notas adicionales que le proporcionaron.

El producto final, que hizo su debut en abril de 1864, demostró que había valido la pena todo el barullo. La Inmaculada Concepción fue moldeada en fino mármol de carrara de un blanco grisáceo; sus pupilas, que miraban hacia el cielo al momento de la declaración, se habrían perdido en el material. Para rectificar esto, la barbilla esta ligeramente inclinada hacia arriba. El tiempo y esfuerzo dedicados a esta estatua, sin mencionar la habilidad del escultor, también se perciben en sus delicados detalles. Por ejemplo, la protrusión insinuada por el dobladillo de su túnica, así como los dedos curvados de sus manos le añaden un aire adicional de vida a la obra de arte.

En el centro del interior de la gruta se montó un altar para atender a los peregrinos que se congregaban allí para las misas diarias. Guardado detrás del altar hay un gran cofre que contiene las "oraciones de petición" de los peregrinos. Hacia la derecha, un hermoso rosal fue plantado como un recordatorio duradero del desafío de Peymarale a Bernadette. Finalmente, hacia la izquierda del altar se encuentra el pozo del manantial sagrado, ahora adornado con una lámina de vidrio rodeada de luces.

Para hacer espacio para el vertiginoso número de peregrinos, las autoridades locales reencauzaron el Gave río arriba -no una, sino dos veces- por lo menos 30 m. Una vez que se despejó el terreno y fue nivelado con nueva tierra, fue cubierto con un pavimento de concreto con una superficie de unos veintisiete metros cuadrados. Para marcar el lugar histórico por donde antes fluía el canal del molino Savvy, así como la posición de Bernadette durante la primera aparición, se colocaron adoquines tipo ladrillo.

Cuando al obispo Laurence finalmente se le otorgó la autorización imperial a finales de 1866, no perdió tiempo en iniciar su segundo proyecto, la Iglesia de la Inmaculada Concepción. Teniendo en cuenta que la gruta estaba mucho más cerca del río Gave de lo que está hoy en día, no había una manera factible de construir una iglesia que enjaulara la cueva sin que sus cimientos se hundieran. Por esta razón, a los arquitectos no les quedó más alternativa que construir la iglesia encima de la gruta.

Rompiendo con la norma arquitectónica de la época, la fachada de la iglesia miraba al oeste, de manera que tuviera vistas a la vibrante ciudad. Tal diseño les permitió además construir el presbiterio directamente sobre el lugar de las apariciones.

Diseñada en buena parte en el estilo neogótico del siglo XIII, completa con arcos ojivales y un órgano de tubos antiguo, la iglesia, que mide unos 50 m de largo, 19 de altura y 21 de ancho, está dividida en nueve naves de igual tamaño y es lo suficientemente espaciosa para acomodar a una congregación de 500. En total, la espléndida estructura de piedra blanca está coronada por un trio de tres torres con aguja, con el chapitel octagonal principal elevándose sobre la ciudad a una altura de 70 m.

El campanario principal, rematado con una cruz, alberga cuatro campanas: la Jeanne-Alphonsine, con un peso impresionante de dos toneladas; la Genevieve-Felicie (1.800 kg); la Hermine-Benoite (1.100 kg); y la Cecile-Gastine (800 kg). También está adornado con un reluciente reloj de bronce, cuyo minutero mide 1,8 m, que suena cada hora. Se podrían escuchar las plateadas notas del Ave María incluso desde los límites de la ciudad.

La Basílica Superior

Entre el reloj de bronce y las puertas de madera pulida de la que apodaron la "Iglesia Superior" se encuentra otro medallón de mosaicos, esta vez del papa Pío IX, quien fue el primero en definir el término "Inmaculada Concepción", en 1854. El texto completo del discurso del obispo Laurence durante el reconocimiento de las apariciones fue inmortalizado en una placa de mármol exhibida en la pared derecha de la entrada. Finalmente, una cadena de enormes esferas marrones de madera fue tendida cuidadosamente sobre el césped frente a la basílica. Midiendo aproximadamente 83 m, es el rosario más largo en existencia.

La Basílica del Rosario de noche

En su interior, exvotos cubren las paredes, así como pancartas que conmemoran peregrinaciones nacionales históricas a lo largo de los años. Sobre el dintel se ve a Cristo, acompañado por estatuas simbólicas que representan a cuatro de sus apóstoles: un león para Marcos, un hombre para Lucas, un águila para Juan y un buey para Mateo. Hermosos vitrales representan la historia bíblica de la Santísima Virgen hasta la introducción de la Inmaculada Concepción, así como las legendarias apariciones en Lourdes son otro elemento llamativo de la impresionante iglesia.

La iglesia abrió sus puertas a mediados de agosto de 1871 y fue consagrada a principios de julio cinco años más tarde. Tres mil sacerdotes, 35 prelados y un estimado cardenal se encontraban entre los presentes en la monumental ceremonia. Solo obtuvo la distinción de basílica menor en 1874; a partir de entonces fue conocida como la "Basilique de Notre-Dame de l'Immaculée-Conception de Lourdes," o en español, la Basílica de Nuestra Señora de la Inmaculada Concepción de Lourdes.

En 1873 Benoit-Marie Langenieux fue nombrado obispo de Tarbes y Lourdes y, no totalmente satisfecho con el producto final de la basílica existente, comenzó a hacer planes para una nuevo y aún más grandioso lugar de culto que seguramente eclipsaría al anterior. Esta nueva iglesia, declaró, sería llamada la "Basilique Notre-Dame-du-Rosaire", o la Basílica de Nuestra Señora del Rosario. Lamentablemente, aunque la solicitud para la autorización imperial fue presentada ese mismo año, el proyecto permaneció en el limbo hasta 1883.

Si bien el excedente de arroyos y ríos en Lourdes era beneficioso para el pueblo por razones obvias, la sobreabundancia del recurso hídrico hacía a los edificios locales vulnerables a la erosión, la congelación y otros daños inevitables. Teniendo esto en cuenta, Leopold Hardy, el arquitecto principal, se propuso encontrar una manera de construir la nueva estructura sin dañar la antigua basílica. Finalmente se decidió por un cuadrado de tierra debajo y al frente de la Basílica de la Inmaculada Concepción, básicamente "deslizando la nueva iglesia bajo la vieja". Según lo ordenado por el obispo Prosper-Marie Billere, la piedra fundacional fue colocada en la primavera de 1883. Fue presentada al público en 1889, pero sería consagrada dos años después.

Al igual que la mayoría de las iglesias cristianas, la nueva basílica, que es lo suficientemente grande para albergar una congregación tres veces más grande que la iglesia antigua, está construida en forma de cruz griega con brazos de igual longitud y contiene elementos tanto bizantinos como románicos. La fachada está decorada con tres arcos que simbolizan los misterios Gozosos, Dolorosos y Gloriosos. Contenida en el arco principal hay una escena que muestra a Jesús y María en algún tipo de celebración, junto con media docena de vasijas de vino tinto, tomada directamente del "Matrimonio en Cana". Este panel está rematado con una estatua en mármol blanco de la Inmaculada Concepción empuñando un bastón dorado. Los arcos más pequeños a los costados del arco principal sirven como entradas a la basílica. Sobre el domo central, una dramática corona dorada, ornamentada con una cruz latina en su tope, completa la imponente fachada.

Incluso más impresionantes son los enormes murales de mosaico, que miden cerca de 2 metros cuadrados por losa, a cada lado de los tres arcos. Miles de fragmentos coloridos fueron arreglados meticulosamente para reflejar los rasgos del papa León XIII y François-Xavier Schoepfer, obispo de Tarbes y Lourdes. Los espectaculares paneles y murales de mosaicos románicos que adornan la fachada de la Basílica del Rosario fueron diseñados nuevamente por Facchina, y tomó doce largos años completarlos. Otros mosaicos que ilustran los quince misterios del rosario pueden ser vistos en los transeptos, así como en la cúpula central de la basílica.

Hardy decidió aprovechar el enorme cuadrángulo afuera de la basílica y lo incorporó en su diseño. A finales del siglo XIX, el cuadrángulo en cuestión, que contaba con un área de unos diez mil metros cuadrados, o una hectárea, no era más que una descuidada parcela de tierra pantanosa, llena de álamos. Por consiguiente, la tierra debió ser primero drenada y fortalecida con tierra nueva y rocas de manera que pudieran establecerse cimientos sólidos.

También conocido como la "Plaza del Rosario", el palaciego cuadrángulo, ahora equipado con azulejos de piedra lisa y la capacidad de contener 80.000 personas, es el escenario principal de varias misas, celebraciones y procesiones. Un par de rampas curvas, o elípticas, que conducen a la Cripta y a la basílica original fueron también construidas en la plaza. Estas singulares rampas fueron diseñadas específicamente para evocar la imagen de los brazos de una madre en un abrazo amoroso.

La *Vierge Couronnée*, o "Estatua de la Virgen Coronada", que se ubica al otro lado de la entrada de la Basílica del Rosario y a la cual se accede a través del sombreado camino desde la Puerta de San José, es otro elemento icónico del Santuario. La escultura en sí, que se eleva sobre la plaza a una altura de 2.5 m, menos el pedestal, fue fundida en bronce, sumergida en pintura blanca y rematada con un toque de azul en la banda de la Virgen. Ella empuña un rosario de Birgittine que comprende seis décadas, y sus pies están con frecuencia engalanados con guirlandas y ramos de rosas. Su prominencia lo ha hecho el punto de encuentro usado con más frecuencia durante estas procesiones marianas.

En febrero de 1949, al hidrogeólogo local Joseph Mailhet se le encargó que diseñara un sistema subterráneo de tuberías conectadas con el manantial, que permitiera que el agua fluyera a través de diversas áreas del Santuario. Establecido este nuevo sistema, las autoridades procedieron a construir un total de diecisiete baños -once para mujeres, seis para hombres- para las más de 360.000 personas que acuden cada año en su búsqueda, los cuales fueron renovados en 1955, 1972 y 1980.

Además de una variedad de grifos y bebederos, el manantial está conectado a nueve pozos estratégicamente localizados a lo largo del "camino del agua" o "muro-fuente", que sigue los pasos de Bernadette cuando deambuló por la gruta y la orilla del río buscando el manantial. Con frecuencia se ve a los peregrinos limpiar sus rostros con el agua de estos pozos y sumideros. Una vez que se han secado, forman un semicírculo en torno al pozo y recitan el "Ave María".

En concepto detrás del cuarto santuario no fue concebido hasta mediados del siglo XX. Aunque ya había pasado más de una década desde la tan esperada conclusión de la segunda Guerra Mundial, la mayor parte de Europa todavía estaba sufriendo las secuelas de su ira, con muchos de ellos todavía luchando por navegar entre las pilas de escombros que llegaban hasta la cintura. Además de las ciudades derribadas (algunas irreparablemente), las economías rotas se hundieron impotentes, como también sucedió con la moral, que había alcanzado los niveles más bajos.

Buscando reavivar los ánimos de la ahora inquietantemente silenciosa Lourdes, el obispo Pierre-Marie Théas sugirió la construcción de un "lugar de inmenso refugio". No solo sería éste un asilo para aquellos que buscaban ayuda para sus heridas físicas y espíritus decaídos; los asistentes a las misas diarias podrían resguardarse en el espacio protegido para escapar del calor o la lluvia. Para crear tal espacio, que fuera techado y contara con un sistema de enfriamiento natural, la estructura debía ser construida bajo tierra. El primer contrato para la construcción de esta nueva iglesia fue redactado y firmado en marzo de 1956.

El talentoso equipo de arquitectos, liderado por Pierre Vago, conquistó el desafío de crear un diseño sin precedentes y técnicamente complejo para la iglesia subterránea en tan solo dos años. Lograron conseguir la manera de apuntalar la bóveda subterránea sin pilares de soporte, mediante la utilización de quince mil toneladas de "hormigón pretensado", un concepto brillante creado por el respetado ingeniero Eugène Freyssinet. Este tipo especial de concreto, usado más comúnmente en puentes, no solo fue el refuerzo perfecto, también creó una asombrosa cantidad de espacio para la futura congregación: 190 m de largo, 60 m de ancho y 12,000 metros cuadrados de superficie, para ser exactos. Más de 2 campos de fútbol completos.

La iglesia, que tiene capacidad para 25.000 personas, alberga bancos para 5.000, y cuenta con 1.300 luces de neón, más de 700 reflectores y 26 pantallas de diversos tamaños, 88 altavoces y 40 micrófonos, todo conectado por cerca de 30 km de cables. 39 pinturas que muestran las Estaciones de la Cruz, el trabajo de Denys de Solere, así como otros 52 paneles individuales de arte de vitrales "superpuestos" (gemmaux) llenaron los muros una vez estériles. Los gemmaux, que en su mayoría se refieren a las apariciones y los Misterios, se basaron en los diseños de los tres ganadores principales de la Bienal Internacional de Arte de Vitrales Sagrados de Lourdes en su edición anterior. Esta grandiosa basílica, que llegó a ser conocida como la "Basílica de San Pío X", fue presentada a las masas el 25 de marzo de 1958.

Diez años después, el obispo Théas presentó una propuesta para otra estructura dentro del Santuario, de temática enfocada en la confesión y el perdón, que englobaría sucintamente las tres palabras que la Señora le impartió a Bernadette durante la octava aparición: "Penitencia, penitencia, penitencia". Pierre Vago fue seleccionado nuevamente para supervisar la construcción del nuevo lugar de culto, que Théas llamó la "Capilla de la Reconciliación". Junto a la entrada de la pequeña capilla se encuentra una llamativa estatua de un hombre delgado con amplias entradas en su cabello: Jean-Baptiste- Marie Vianney, también conocido como "San Juan Vianney", el santo patrón de los párrocos.

Si bien es un espacio sagrado, no se celebran servicios de adoración o ceremonias allí. Más bien, está dedicado exclusivamente a, como su nombre lo indica, el santísimo sacramento de la reconciliación. Los capellanes que atienden permanentemente en Lourdes hablan y realizan servicios y procesiones en seis idiomas: inglés, francés, español, italiano, holandés y alemán, pero durante épocas determinadas del año, los peregrinos también pueden confesarse con sacerdotes enviados especialmente desde otras partes del mundo.

El testimonio de un peregrino ilustra cuán purificador y enriquecedor fue el que se le concediera tal privilegio: "Me confesé en Lourdes. Jamás olvidaré las palabras de consuelo del sacerdote. Desde entonces, voy de gracia en gracia".

La última pieza del rompecabezas del Santuario, la Iglesia de Santa Bernadette, fue erigida en 1988. Es la más nueva, y moderna, de todas las estructuras dentro del centro mariano y fue bendecida por el obispo Henri Clément Victor Donze en octubre de ese año.

Jean-Paul Felix, su principal arquitecto, esperaba diseñar un espacio que pudiera transmitir "una imagen del mundo de hoy, un mundo en busca de significado (...) un signo de esperanza (...) que no es consciente de que la salvación está entre ellos". Por esa razón, no sólo el diseño de la estructura se asemeja al cuerpo de una mariposa con sus alas extendidas; una escultura majestuosa de Cristo en madera revestida en oro, con los brazos abiertos, cuelga sobre el altar.

Además de los elementos convencionales del altar, diseñado por Dominique Kaeppelin, un regio órgano construido por la Compañía Bartolomé Formentelli y los accesorios habituales, un tabique móvil también permite que la iglesia se divida en dos secciones -la *Coté Carmel* y la *Coté Grotto*- para servicios o ceremonias simultáneas, si es necesario. A ambos lados de la nave central, que tiene capacidad para 5.000 personas, además de espacio para 320 sillas de ruedas, hay una serie de salones adyacentes de oración y de conferencias, incluyendo el Hemiciclo de 300 plazas, que se utiliza anualmente durante las plenarias de otoño de las Conferencias Episcopales francesas.

El Dominio del Santuario fue puesto bajo la única jurisdicción "espiritual" del obispo de Tarbes y Lourdes a principios del siglo XX. Por debajo de él en la jerarquía hay un representante local conocido como el "Rector". Otro consejo compuesto por 30 capellanes, así como una junta de 292 empleados laicos y 20 estacionales, completan la administración del Santuario. Las 63 divisiones dentro del gobierno del Santuario se hicieron para compartir un presupuesto anual de € 18 millones ($ 22,080,780). Hasta el 90% de este robusto presupuesto se compone de donaciones de patrocinadores adinerados y peregrinos caritativos.

También existe una organización laica de voluntarios cristianos, fundada en 1885, bajo la autoridad del obispo reinante. Además de recibir y guiar a la horda interminable de peregrinos que llegan a Lourdes, la asociación, que se llama la "Hospitalidad de Nuestra Señora de Lourdes", se encarga de todos los aspectos de la estadía de los peregrinos, como organizar su alojamiento y transporte. Los miembros también brindan ayuda durante las ceremonias, procesiones y otras reuniones masivas.

De forma similar a los órganos rectores de las 63 divisiones, el consejo que preside la Hospitalidad está compuesto por un presidente, un secretario general y un tesorero general, todos "miembros independientes de los servicios". Los miembros del consejo tienen la tarea de elegir a seis vicepresidentes que serán responsables de los diferentes servicios de la hospitalidad. Todos a su vez responden a la trinidad de miembros "ex officio" o "miembros de derecho" que encabezan la jerarquía del gobierno del Santuario: el Obispo, el Rector y el Capellán General.

Los hermanos y hermanas de la Hospitalidad, algunos de tan solo 18 años, y otros hasta de 75, provienen de todos los rincones del mundo y pertenecen a los siguientes departamentos: Servicio Santa Bernadette, una "formación espiritual y técnica de voluntarios"; Servicio de San Juan Bautista, responsable de asistir a los peregrinos en el Baño en las piscinas; Servicio de Saint-Michel, que se encarga de tareas administrativas; Servicio de San José, quienes asisten en la logística como guías y ayudantes en las ceremonias y la estación de trenes; y los Servicios de Notre Dame y Marie Saint-Frai, que se ocupan de la "recepción y asistencia de los peregrinos enfermos".

Trágicamente, Bernadette solo vivió para ver el Santuario en su etapa más primitiva; complicaciones fatales derivadas de la tuberculosis le impidieron experimentar el complejo sagrado en toda su gloria. Como parte de las investigaciones que se condujeron en relación con la naturaleza milagrosa y sobrenatural de Bernadette, su cadáver fue exhumado en tres oportunidades diferentes: en 1909 (30 años después de su muerte), 1919 y 1925. Tras la primera examinación, los sorprendidos expertos encontraron que, aunque el rosario con el que había sido enterrada se había oxidado, su piel permanecía casi inmaculadamente intacta, por lo que declararon "incorruptible" el cuerpo de Bernadette. Esta revelación resultó especialmente asombrosa, dadas las numerosas aflicciones que padeció hasta el momento de su muerte. Además de tener la pierna izquierda inmovilizada, como resultado de su anquilosis, y sus desinflados y porosos pulmones, había perdido grandes trozos de piel de su espalda debido a las úlceras de decúbito. El milagro de su auto-preservado cuerpo fue tan bien recibido que muchos le acreditan la aceleración del proceso de su canonización, que se finalizó en 1933.

Fotografía del cuerpo incorrupto de Bernadette, con tenues cubiertas de cera sobre el rostro y manos

Sin embargo, los críticos han acusado a las autoridades católicas de distorsionar el término. Al indagar un poco más, parece que su cuerpo, aunque muy probablemente estaba sufriendo un proceso de descomposición mucho más lento, nunca fue verdaderamente "incorruptible". Un extracto de las notas del médico encargado en 1919 muestra signos menores, pero claros, de descomposición: "El cuerpo está prácticamente momificado, cubierto de parches enmohecidos, y una capa muy notable de sales, que parecieran ser sales de calcio (...). La piel ha desaparecido en algunos lugares, pero aún está presente en la mayor parte del cuerpo".

Lo que es más, cuando el cadáver de Bernadette fue exhumado por última vez, se le realizó una serie de tratamientos cosméticos para revitalizar su apariencia. Después de remover, etiquetar y embalar algunas de sus costillas, que serían enviadas al Vaticano como reliquias sagradas, fueron moldeadas delgadas "máscaras de cera" con las que se cubrieron sus manos y rostro, para ocultar el "color negruzco" de su descomposición. Fue Pierre Imans, un diseñador de maniquíes francés, quien obtuvo la impresión de las manos y rostro de Bernadette y produjo las máscaras.

Aunque las autoridades eclesiásticas de la ciudad natal de Bernadette lucharon para recuperar su cuerpo para que pudiera ser exhibida en la Cripta del Santuario, fue finalmente inhumada en un féretro de cristal adornado en oro en la capilla de Saint Gidard en Nevers.

Una investigación sobre los manantiales sagrados y los milagros en Lourdes

"Oh por siempre Virgen Inmaculada, madre de misericordia, salud para los enfermos, refugio de pecadores y consuelo para los afligidos, tu que conoces nuestros deseos, nuestros problemas y nuestros sufrimientos, dígnate a echar sobre nosotros una mirada de misericordia. (...) Ya muchos han obtenido la cura para sus enfermedades, tanto espirituales como físicas. Acudimos por tanto, con la más ilimitada confianza a implorar tu maternal intercesión". – Oración a Nuestra Señora de Lourdes.

Para los 200 millones de peregrinos que con ojos soñadores han visitado el Santuario desde su apertura, el repositorio de 450.000 litros que incesantemente surte las fuentes, pozos, baños y grifos es tanto o más valioso que una brillante piscina de oro.

Aunque muchos atribuyen las milagrosas propiedades curativas a los poderes divinos de la Inmaculada Concepción, los expertos han identificado recientemente la explicación científica. El Dr. Kim Young-Kwi, un reconocido investigador con veinticinco años de experiencia, arribó a la siguiente observación cuando comparó el agua del manantial de Lourdes con muestras de agua común: "En el agua de Lourdes se encontró una mayor concentración de hidrógeno activado que en el agua regular, lo cual podría ser responsable de la restauración de la salud en células dañadas por la oxidación".

El agua que desciende de las cumbres nevadas de montañas, colinas y otros lugares de gran altitud es un componente significativo del agua del manantial. Este líquido refinado, supuestamente purificado por "grandes cantidades de ozono" está mezclado con agua de lluvia "naturalmente ionizada" que permea los subsuelos rocosos. Esta última ayuda a eliminar toxinas y limpiar el cuerpo de otras sustancias ajenas tóxicas, lo que genera una mezcla curativa ideal servida por la Madre Naturaleza. Los minerales y cristales energizados del agua derivados del "campo magnético de la tierra" también ayudan al rejuvenecimiento y reparación de las células.

A quienes que se bañan en estas aguas sagradas se les promete una sanación que trasciende la simple cura de sus impedimentos físicos. Como lo explican Craig y Nancy Gibson, los copresidentes de la Peregrinación de la Orden de Malta estadounidense en 2017, se recibe el obsequio de la "experiencia [de] una mayor paz que no se ha sentido antes…una conversión de corazón llena de gracia, que acerca más a Dios…un cambio, una transformación, una sanación del corazón o el espíritu…y una fuente de aliento…a medida que se regresa a [la] fe [de la Inmaculada Concepción].

Al entrar a los baños, los hombres y las mujeres son llevados a sus respectivas secciones. Luego se les hace pasar a un pequeño salón equipado con seis sillas y tres perchas vacías, para desvestirse. Solo después de cubrirse con un rectángulo mojado de tela blanca, que algunos dicen que recuerda al plástico, se les permite proceder a un cubículo que alberga una única tina con baldosas de piedra. Las mujeres son típicamente atendidas por monjas, mientras que los hombres son asistidos por sacerdotes y otros voluntarios masculinos, probablemente de la Hospitalidad.

En un esfuerzo por preservar la pureza y calidad natural del agua de la gruta, no se añade ningún producto químico o sustancias extrañas, ni tampoco hay sistemas de calefacción instalados en las anticuadas bañeras. Por ende, entrar al agua es un impacto de frío estremecedor. Una vez dentro de la tina, con la asistencia de los ayudantes o monjas para mantener el equilibrio, el agua se asienta a nivel de la cintura. El bañista debe entonces aferrarse a la estatuilla de la Inmaculada Concepción que está sujeta ya sea a la pared o al extremo norte de la tina y se le da la oportunidad de decir una plegaria personal. Al terminar la oración, se hace una señal a los ayudantes, que entonces se acercan para sumergir al bañista en el agua (algunos hasta el cuello, otros por completo), antes de ayudarlo a salir.

El director de Asuntos Públicos del arzobispo de Westminster, Austin Ivereigh, ofreció una descripción concisa de la experiencia: "Brazos me sujetan. Entro al baño. Me sumerjo, el choque del frío. Me levanto. Me cubro de nuevo. Salgo. Me cambio. Sin toalla, porque mi tradición [sic] así lo establece. De vuelta al sol, y al piadoso caos de la Gruta. Encuentro un parche de césped soleado. El agua se ha secado, empapándome de paz…". Otro miembro del personal, o "cuidador" de estos baños, añade: "Creo que esta es una de esas experiencias en la vida por las que uno debe atravesar para darse cuenta de la magnitud de lo que ha pasado".

Las estadísticas revelan que son más las mujeres que los hombres, y en algunos casos más de doblemente, quienes solicitan bañarse en las aguas de Lourdes. Por ejemplo, de los 388.298 peregrinos que respondieron al canto de sirena de los baños curativos en el 2004, 266.583 eran mujeres y solo 121.715 eran hombres.

Si se toma por cierta la palabra de la periodista y peregrina Mary O'Regan, las personas no debían siquiera estar en un baño o en espacios sagrados para que la bendecida agua "alcalina-normal" surtiera efecto. A principios de 2014, Mary se vio afligida por una terrible infección viral que se extendió a sus pulmones. Para su decepción, dada la naturaleza "viral" de su enfermedad, su nariz congestionada y dolor de garganta no se podían aliviar con antibióticos. Mary se automedicó con una variedad de remedios caseros, que incluyeron un agrio tónico de semillas de toronja, pero solo pareció empeorar los síntomas.

Fue solo cuando agotó las demás opciones, que decidió intentarlo con el agua del manantial. Destapó la jarra de cinco litros de agua del manantial de Lourdes que había comprado en una peregrinación a la que asistió en el 2010, se sirvió un vaso y procedió a tomar "sorbos cautelosamente" de ella. Relató los resultados en un artículo para el *Heraldo Católico*: "Me olvidé de ello por una hora, y de pronto me percaté de que mi dolor de garganta había desaparecido. No fue una cura abrupta, la sanación se produjo de forma suave, y el dolor se fue desvaneciendo hasta desaparecer. En poco tiempo, los horrendos signos de mi infección se habían desvanecido…".

En el otro lado del espectro están los cínicos que acusan a los operadores y simpatizantes del Santuario de embaucar o engañar a los ingenuos peregrinos con afirmaciones exageradas y falsas sobre el manantial sagrado. Los escépticos insisten en que el manantial es, cuando mucho, medianamente terapéutico. Aunque no cabe duda de que una zambullida en estas aguas mejora la circulación sanguínea, promueve el alivio del dolor y el estrés, y ayuda a aliviar la soriasis, eczema, y otras enfermedades benignas de la piel, no es diferente a remojarse en cualquiera de los otros cincuenta o más balnearios termales que hay en Francia, o en cualquier agua termal, si es por eso.

Los expertos temen que esta excesiva dependencia en los supuestos poderes sobrenaturales del manantial podría conducir al creciente abandono de la ciencia comprobada y la medicina moderna. Los pacientes con cáncer y otros que sufren enfermedades igualmente apremiantes están en especial riesgo de ser engatusados por el siniestro "ardid".

Además, los críticos del manantial no han vacilado en denunciar lo que ven como complicidad en tácticas para hacer dinero, empleadas por los operadores del Santuario. Las innumerables tiendas de souvenirs y vendedores ambulantes que ofrecen agua embotellada del manantial, imanes que representan a Bernadette y la Inmaculada Concepción, y otras baratijas supercheras, alegan los escépticos, es un testamento de su codicia. El artículo más buscado no es nada barato, tampoco; un frasco de 1 litro de agua del manantial se vende por unos 100 euros, o 122.60 dólares.

Los críticos están convencidos de que la Iglesia propaga estas falsedades para así prolongar y expandir la vitalidad de esta trampa para turistas. Con frecuencia se hace referencia al presupuesto de funcionamiento del Santuario en este argumento, ya que resulta especialmente exorbitante si se considera que la población de Lourdes es de apenas poco más de 15.000 habitantes. Solo aprovechándose de la credulidad y la fe ciega del público, continuará fluyendo el caudal de donaciones y negocios prósperos.

Para algunos resulta extraordinario por demás el hecho de que una niña tan joven y con tan poca educación como Bernadette haya podido lograr tan egregiamente audaz estratagema. No consiguen entender cómo tantos adultos, muchos de ellos miembros respetables de la sociedad, le hayan dado crédito sin cuestionamientos a una aparición que nadie más que Bernadette llegó a ver. Otros conjeturan que Bernadette sufría de algún tipo de esquizofrenia, y condenan a los adultos que la rodeaban por alentar y nutrir lo que eran evidentemente engaños o alucinaciones.

Luego están aquellos que cuestionan a François y Louise. La conveniencia del momento en que se produjo su abrupto cambio de corazón es con frecuencia analizada; no fue hasta que comenzaron a surgir donaciones que de repente descubrieron que había peso en las palabras de su hija. Aunque según los reportes no permitieron a sus hijos que aceptaran las donaciones y obsequios, lo hicieron únicamente para elevar su posición moral ante el escrutinio público, ya que de no ser así habría sido detectada su codicia.

Se beneficiarían en cambio de una incluso mayor y más estable seguridad financiera, a través de la abundancia de trabajos bien remunerados que les ofrecieron luego del hecho, todo mientras conservaban su buen nombre. Más desconcertante aún, por supuesto, es el hecho de que el manantial no haya salvado a Bernadette, la figura que se encontraba en el meollo del asunto.

Dicho eso, las aparentemente innumerables personas, religiosas y no religiosas por igual, que afirman haber experimentado sanaciones milagrosas en el Santuario, son más que suficientes para acallar a los escépticos, al menos para algunos. Tan inmenso llegó a ser este número que las autoridades decidieron crear un sistema para filtrar los falsos de los verídicos. El 18 de enero de 1862, el mismo día en que el obispo Laurence reconoció formalmente las apariciones, la Iglesia anunció que de los cientos de alegatos examinados por el profesor Henri Vergez, un total de siete habían sido comprobados como de naturaleza "milagrosa". Veintiún años después, el Dr. Georges Fernand Dunot de Saint-Maclou, siguiendo las órdenes del rector y padre Rémi Sempé, fundó el "Bureau des Constatations Médicales" (Oficina de Constataciones Médicas) de manera que las autoridades pudieran investigar los efectos de los manantiales, así como analizar más a fondo el creciente número de supuestos milagros. Hasta ese punto, tales averiguaciones solo se realizaban por temporadas; sería solo tras la creación de la Oficina que estas investigaciones pasarían a efectuarse durante todo el año, a tiempo completo.

Tras la muerte de Saint-Maclou en 1891, el obispo Billère designó al reconocido médico de la ciudad vecina de Sarlat, el Dr. Gustave Boissarie, como el nuevo presidente de la Oficina. En 1905, el Vaticano legalizó los procedimientos de la Oficina e invistió al obispo de Tarbes y Lourdes con el completo derecho de estudiar y legitimar estas curas a su discreción. Veinte años después, la Oficina fue rebautizada como la "Associacion Médicale de Notre-Dame de Lourdes (Asociación Médica de Nuestra Señora de Lourdes)".

Finalmente, en 1927, la Oficina fue transformada en una asociación médica internacional, cortesía de su presidente, el Dr. Auguste Vallet, y adoptó el nuevo nombre de "Association Médicale Internationale de Lourdes", o A.M.I.L. Hoy en día, la AMIL incluye profesionales médicos de diversas esferas (de acuerdo con la fecha de origen): la Asociación Farmacéutica Internacional de Nuestra Señora de Lourdes (APIL), la Asociación Odontológica Internacional de Nuestra Señora de Lourdes (ADIL) la Asociación Internacional de Nuestra Señora de Lourdes de Auxiliares de los Cuerpos de la Salud (AILACS) y la Asociación de Enfermería Internacional de Nuestra Señora de Lourdes (AIIL).

La disección de estos milagros ocurre en dos fases. Primero, son remitidos a uno de los despachos menores en la Oficina, que cuenta con al menos un "médico en activo", el cual comienza los preliminares de la investigación, tales como revisión de antecedentes, corroboración de la fecha y hora, evaluación clínica general y la confirmación de otros detalles superficiales. Si el doctor queda convencido de que se trata de un milagro, procede a convenir una "Junta" o conferencia. El caso es luego escrudiñado más a fondo y evaluado por las docenas de profesionales de la medicina presentes; el variado grupo, que incluye a expertos tanto religiosos como no religiosos, contribuye a la fuerza lógica y moral del dictamen final.

Para que una cura sea declarada "milagrosa", debe cumplir con el siguiente criterio: "El diagnóstico original de la enfermedad 'incurable' debe ser verificado y confirmado sin lugar a duda. La cura debe ocurrir en asociación con una visita a Lourdes, típicamente mientras se está en Lourdes, o en las inmediaciones del santuario en sí. La cura debe ser inmediata (rápida resolución de los síntomas y signos de la enfermedad), completa y permanente". Para asegurarse de la perdurabilidad de estas curas, la investigación de cada caso dura no menos de cinco años, y en algunos casos especiales, hasta doce.

La Oficina ha evaluado un gran total de más de 7.000 casos hasta ahora. El primero de los que hasta el momento son 69 milagros "confirmados" fue registrado a principios de 1862, solo cuatro años después de las apariciones. El caso sigue a Catharine Latapie, de 42 años y nativa de Loubajac, quien se había caído de un árbol seis años atrás. Además de partirse los huesos de su mano derecha, sufrió daño severo en los nervios, lo que resulto en la parálisis aparentemente permanente de dos de sus dedos.

A finales de febrero de 1858, Latapie despertó de pronto sintiendo la urgencia de visitar la gruta de Massabielle. Y así, en medio de la noche empacó sus maletas, reunió a sus hijos y se los llevó con ella a Lourdes. Una vez allí se dirigió directamente al manantial, donde encontró a Bernadette, y rezó con la joven. Siguiendo las instrucciones del oráculo, Latapie sumergió la mano en el agua. Antes de que hubiera pasado siquiera un minuto, había recuperado por completo el uso de sus dos dedos, y "podía flexionarlos y extenderlos con la misma facilidad con la que podía hacerlo antes del accidente".

El manantial produjo otro milagro tan solo unas semanas después. Curioso por los rumores que salían de Lourdes, Louis Bouirette, de 51 años, quien había perdido la vista en la terrible explosión de una mina en la que murió su hermano, se dirigió al pueblo, donde él también buscó la ayuda de Bernadette. Aunque un poco dudoso, no dijo nada y permitió que Bernadette embadurnara sus párpados con un poco de tierra que había recogido junto al manantial. Después de una sentida plegaria a la Señora de Lourdes, le lavó los ojos con el agua del manantial. Tras unos pocos parpadeos, su visión había "regresado completamente".

En 1890, el Santuario entró en lo que algunos llaman "la era dorada de las curas", un fenómeno que duró un cuarto de siglo, teniendo momentos álgidos en los años 1897, 1898, 1899, y 1904. Como resultado, el Dr. Boissarie se vio ante el abrumador desafío de examinar los archivos presentados por 140 de los 150.000 peregrinos que asistían a los 150 peregrinajes cada año. Incluidos en la amplia gama de enfermedades y desórdenes curados durante este tiempo se encuentran la paraplejía postraumática, así como varios tipos de tuberculosis: pulmonar, abdominal-peritoneal y lupus. Lo que hace a estas sanaciones aún más contundentes es el estado de estos pacientes antes de ser "curados". Muchos fueron descritos como "ruinas", incapaces de mantenerse de pie más que por unos pocos minutos a la vez. Otros estaban en el umbral de la muerte, algunos tan débiles que tuvieron que ser transportados al Santuario en "cajas tipo féretros" y "largas canastas de mimbre".

La confirmación del milagro número 69 fue anunciada por la Oficina el 22 de julio de 2013. Danila Castelli, a quien se le concedió esta distinción, se regocijó: "Tengo la alegría de reportarle a todos mi sanación, que hace unos días fue aprobada como un milagro por mi obispo, lo que es algo hermoso". En 1982, Castelli, de 34 años, quien siempre había gozado de buena salud, quedó sorprendida cuando fue diagnosticada con hipertensión. Los médicos se alarmaron aún más cuando no pudieron localizar la causa del incremento de su presión arterial. Solo después de tres infructíferas cirugías -una anexectomía, una histerectomía, y una para remover parte de su páncreas- los doctores descubrieron un tumor al lado de su vejiga.

A lo largo de los siguientes años fue sometida a otra serie de cirugías para corregir la enfermedad, todas sin éxito. En mayo de 1988, en lugar de volar hacia la Clínica Mayo en Minnesota, como era originalmente su plan, una espiritualmente hambrienta Castelli decidió cambiar su boleto y viajó en cambio a Lourdes, donde fue sumergida en el agua sagrada del manantial. El tumor había desaparecido un año después. El Dr. Alessandro de Franciscis, presidente de la Oficina, tuvo esto que decir sobre el pasmoso caso: "Esta señora fue juzgada, ciertamente certificada, y curada en una manera inexplicable por el conocimiento médico-científico actual".

De las 69 curaciones confirmadas, por lo menos 55 eran nativos de Francia. El resto eran extranjeros de Italia, Alemania, Bélgica, Austria y Suiza. El 80% del total son mujeres, ocho de ellas monjas. Cerca de dos quintos de ellos fueron etiquetados como milagros "espontáneos"; el resto fueron curados tras un lapso de pocos días o hasta un año. Seis solo habían tenido contacto con el agua del manantial, pero nunca habían puesto pie en el Santuario, por lo que fueron "curados por intercesión de la Inmaculada Concepción".

No obstante el aparente esfuerzo que realizan los investigadores de estos milagros, los incrédulos continúan sin convencerse. En 2006, el obispo Jaques Perrier publicó una serie de reformas que muchos afirman que relajaron los estándares de confirmación de la Oficina. Fue el decreto de Perrier que permitió la consideración incluso de curaciones ocurridas fuera de Lourdes. Basándose en estos requisitos ampliados, las curaciones serían ahora clasificadas en las siguientes categorías: "curaciones inesperadas", "curaciones excepcionales" y "curaciones confirmadas".

Sus reformas tuvieron una recepción mixta. Los críticos de Perrier lo acusaron de "devaluar las intervenciones de Dios" y de torcer las reglas para su ventaja, para poder competir con los pentecostales, evangélicos y otras fes vendedoras de milagros en Europa. Tan sonada fue la indignación, que fue blanco de varios periódicos locales. Un conspicuo titular del Dépêche du Midi rezaba: "¿Es este el fin de los milagros en Lourdes?".

Dicho esto, incluso con las reformas, la cantidad de milagros reconocidos por la Oficina ha decaído notablemente en años recientes. Esto probablemente se deba al aumento y refinamiento del conocimiento científico que se ha producido en las últimas décadas, lo cual lleva a muchos a preguntarse si los milagros reconocidos en los primeros años serían aún considerados como tales según los estándares modernos. Tomando esto en mayor consideración, 69 de 7.000 -sin decir nada de los cientos de miles de bañistas cada año que no reportan curación alguna- es una figura irrisoria en sí misma. Estadísticamente hablando, ha habido más muertes en el trayecto hacia Lourdes, que curaciones verificadas.

Declaraciones contradictorias de testigos de estos supuestos milagros solo añaden a la confusión. Para comenzar, consideremos el encuentro del Dr. Dozous con Bernadette. Aunque Dozous aseguraba con firmeza que habían sido los poderes de Bernadette los que habían impedido que se quemara, varios testigos afirmaron que nunca había estado realmente en riesgo, pues la vacilante llama de la vela estaba debilitada por los fuertes vientos ese día.

Otros escépticos critican la naturaleza demasiado vaga de estas curaciones. Ni siquiera los "milagros espontáneos" parecían implicar cambios "dramáticos", como el crecimiento instantáneo de una extremidad ausente, o la restauración inmediata de alguna deformidad o impedimento congénito. Como lo expresara el autor Emile Zola: "El camino a Lourdes está esparcido de muletas, pero ninguna pierna postiza". Etienne Vermeersch, un eminente filósofo belga, compara a aquellos que se suscriben a esta variedad de fe ciega con los cazadores de Pie Grande y el Monstruo del Lago Ness, y otros buscadores de personajes de fábula y criaturas místicas. Estaba tan fascinado por el impacto extraordinario de esta rareza que inventó un nuevo término para ella: el "efecto Lourdes".

En *Lourdes*, la novela de Zola de 1894, el "anticlerical" artífice de la palabra ridiculiza el concepto de la intervención sobrenatural. Acusa a la iglesia de capitalizar los abatidos espíritus de los veteranos, los empobrecidos y otras gentes desfavorecidas, mediante estos falsos milagros. La experiencia del propio Zola en los baños es indicativa de su desagrado por los operadores del Santuario. Como lo expresó el famoso autor: "el agua no era precisamente atractiva. Los padres de la Gruta temían que el caudal del manantial fuera insuficiente, por lo que, en esos días, hacían cambiar el agua en las piscinas solo dos veces al día. Con los cientos de pacientes que se remojaban en la misma agua, podrán imaginarse el fango asqueroso en que quedaba convertida. Había de todo en ella: hilillos de sangre, piel desprendida, costras, trozos de telas y vendas; una abominable sopa de enfermedades…El milagro era que alguien emergiera vivo de este cieno humano".

La calidad del agua del manantial es, de hecho, tan cuestionable que en agosto de 2017 el gobierno francés prohibió al Santuario hacer envíos internacionales del agua, citando "razones higiénicas". No obstante, a los peregrinos aún se les permite sacar de Lourdes cuantas botellas o barriles de agua les plazca.

Para algunos, el que estos "milagros" sean o no legítimos es irrelevante. Incluso algunos ateos que se han aventurado fuera de su zona de confort para probar los baños del Santuario han experimentado una sensación de paz interior y una renovada claridad de mente, probablemente inducida por un efecto placebo. Paul McQuigg, un ex-Marine de los Estados Unidos, explicó la importancia de mantener una mente abierta: "Todos estamos buscando sanar de una u otra forma, todo ser humano lo está. Ya sea mental, física, o espiritual, todos necesitamos de la sanación. [De manera que venir en familia] nos acerca aún más".

Recursos en línea

Otros libros sobre historia francesa por Charles River Editors

Otros libros sobre Lourdes en Amazon

Lecturas recomendadas

1. Szimanski, M. J. (20 de febrero, 2014). 10 Astonishing Cures That Will Make You Believe in Miracles [10 sorprendentes curaciones que te harán creer en milagros]. Recuperado el 5 de diciembre de 2017, de https://listverse.com/2014/02/20/10-amazing-stories-of-supernatural-healing-at-lourdes/

2. Mangiapan, T. (2015). List of Approved Lourdes Miracles [Listado de los milagros de Lourdes aprobados]. Recuperado el 5 de diciembre de 2017, de http://www.miraclehunter.com/marian_apparitions/approved_apparitions/lourdes/miracles1.html

3. Editores, T. (16 de enero, 2002). Where scientists are looking for God [Donde los científicos están buscando a Dios]. Recuperado el 5 de diciembre de 2017, de http://www.telegraph.co.uk/news/science/science-news/4767798/Where-scientists-are-looking-for-God.html

4. Editores, S. (26 de julio, 2015). Lourdes. Recuperado el 5 de diciembre de 2017, de http://skepdic.com/lourdes.html

5. Editores, E. (20 de abril, 2002). Miracles under the microscope [Milagros bajo el microscopio]. Recuperado el 5 de diciembre de 2017, de http://www.economist.com/node/304212

6. Rubicondior, R. (9 de mayo, 2015). Faking It At Lourdes [Fingiendo en Lourdes]. Recuperado el 5 de diciembre de 2017, de http://rosarubicondior.blogspot.tw/2015/05/faking-it-at-lourdes.html

7. Editores, E. (2016). Lourdes. Recuperado el 5 de diciembre de 2017, de http://www.encyclopedia.com/places/britain-ireland-france-and-low-countries/french-political-geography/lourdes

8. Editores, S. F. (2008). LOURDES 2008. Recuperado el 5 de diciembre de 2017, de http://saintefamillebordeaux.org/v2/en/content/lourdes-2008

9. Editores, F. (11 de febrero, 2008). France: Feast of Our Lady of Lourdes, February 11, 2008 [Francia: la celebración de Nuestra Señora de Lourdes, 11 de febrero de 2008]. Recuperado el 5 de diciembre de 2017, de http://fsspx.news/en/news-events/news/france-feast-our-lady-lourdes-february-11-2008-21723

10. Editores, L. S. (2017). Participating in the Marian procession [Participar en la procession mariana]. Recuperado el 5 de diciembre de 2017, de https://www.lourdes-france.org/en/activities/marian-torchlight-procession#_

11. Brosnahan, T., & Fisher, J. (2008). Processions in Lourdes, France [Procesiones en Lourdes, Francia]. Recuperado el 5 de diciembre de 2017, de https://francetravelplanner.com/go/pyrenees/lourdes/see/processions.html

12. Editores, S. (2013). Lighting a candle before the Grotto [Encendiendo una vela ante la Gruta]. Recuperado el 5 de diciembre de 2017, de http://www.shrewsburypilgrimage.co.uk/In-Lourdes

13. Editores, L. (2011). HISTORY [HISTORIA]. Recuperado el 5 de diciembre de 2017, de https://www.lourdes-infotourisme.com/web/EN/394-history.php

14. Galvan, J. (12 de enero, 2015). Lourdes, a Midi-Pyrénées heritage site [Lourdes, un lugar patrimonio de Mediodía-Pirineos]. Recuperado el 5 de diciembre de 2017, de http://patrimoines.midipyrenees.fr/no_cache/en/items-globaux/detail-article/index.html?tx_ttnews%5Btt_news%5D=609

15. Editores, R. Y. (2014). Château fort de Lourdes. Recuperado el 6 de diciembre de 2017, de https://www.routeyou.com/en-fr/location/view/47843545/chateau-fort-de-lourdes

16. Bridges, V. (2004). Paganism in Provence: How the Mother-Goddess Became the Mother of God [Paganismo en Provence: Cómo la Diosa Madre se convirtió en la Madre de Dios]. Recuperado el 6 de diciembre de 2017, de http://www.jwmt.org/v1n6/provence.html

17. Silva, F. (2016). SACRED SPRINGS AND HOLY WELLS [MANANTIALES Y POZOS SAGRADOS]. Recuperado el 6 de diciembre de 2017, de http://www.invisibletemple.com/sacred-springs-and-holy-wells.html

18. Editores, C. (2010). THE LEGEND OF CHARLEMAGNE [LA LEYENDA DE CARLOMAGNO]. Recuperado el 6 de diciembre de 2017, de http://www.chateaufort-lourdes.fr/en/the_legend_of_charlemagne.html

19. Editores, C. K. (2001). The Name of Lourdes [El nombre de Lourdes]. Recuperado el 6 de diciembre de 2017, de http://www.catholickingdom.com/People/Dominique/Archive/inline/FF_158.html

20. Editores, P. F. (29 de mayo, 2010). THE CASTLE OF LOURDES [EL CASTILLO DE LOURDES]. Recuperado el 6 de diciembre de 2017, de http://passionofchrist-lechemindecroix.blogspot.tw/2010/05/castle-of-lourdes.html

21. Editores, E. (12 de febrero, 2008). 50,000 believers gather in Lourdes for 150th anniversary of visions [50.000 creyentes se reúnen en Lourdes para el 150 aniversario de las visiones]. Recuperado el 6 de diciembre de 2017, de https://www.expatica.com/fr/news/country-news/50000-believers-gather-in-Lourdes-for-150th-anniversary-of-visions_111779.html

22. Editores, W. M. (12 de diciembre, 2013). SKINNY DIPPING IN THE HOLY WATER OF LOURDES [BAÑARSE DESNUDO EN EL AGUA SAGRADA DE LOURDES]. Recuperado el 6 de diciembre de 2017, de http://www.wanderingmee.com/2013/12/skinny-dipping-in-the-holy-water-of-lourdes/

23. Editores, L. (16 de agosto, 2015). Pyrenees [Pirineos]. Recuperado el 6 de diciembre de 2017, de http://www.livius.org/articles/place/pyrenees/

24. Editores, E. B. (1ero de diciembre, 2016). Goth [Godo]. Recuperado el 6 de diciembre de 2017, de https://www.britannica.com/topic/Goth

25. Editores, E. B. (30 de noviembre, 2016). Charles Martel [Carlos Martel]. Recuperado el 6 de diciembre de 2017, de https://www.britannica.com/biography/Charles-Martel

26. Hickman, K. (8 de julio, 2017). Biography of Charles Martel [Biografía de Carlos Martel]. Recuperado el 6 de diciembre de 2017, de https://www.thoughtco.com/muslim-invasions-charles-martel-2360687

27. Kihlstrom, H. K. (1996). Charlemagne Invades Spain [Carlomagno invade España]. Recuperado el 6 de diciembre de 2017, de http://www.thenagain.info/WebChron/WestEurope/CharleSpain.html

28. Editores, C. O. (febrero 2005). Lourdes - The Islamic Connection [Lourdes – La conexión islámica]. Recuperado el 6 de diciembre de 2017, de http://www.christianorder.com/features/features_2005/features_feb05_bonus.html

29. Editores, B. O. (21 de mayo, 2015). Quotes by Bernadette Soubirous [Citas de Bernadette Soubirous]. Recuperado el 6 de diciembre de 2017, de https://www.biographyonline.net/spiritual/quotes/bernadette-soubirous-quotes.html

30. Courboulex, F. (diciembre 2009). A Major Historical Earthquake in the French Pyrenees Revisited using Actual Moderate Size Earthquakes [Un gran terremoto histórico en los Pirineos franceses revisado utilizando terremotos actuales de tamaño moderado]. Recuperado el 6 de diciembre de 2017, de https://www.researchgate.net/publication/252531011_A_Major_Historical_Earthquake_in_the_French_Pyrenees_Revisited_using_Actual_Moderate_Size_Earthquakes

31. Editores, C. F. (2013). The castle as a fortress [El castillo como Fortaleza]. Recuperado el 7 de diciembre de 2017, de http://www.chateaufort-lourdes.fr/en/a_thousand_years_of_history.html

32. Editores, A. (2011). Lourdes castle, the Bastille of Pyrénées [El Castillo de Lourdes, la Bastilla de los Pirineos]. Recuperado el 7 de diciembre de 2017, de https://en.anecdotrip.com/anecdote/lourdes-castle-the-bastille-of-pyrenees-by-vinaigrette

33. Editores, I. (11 de febrero, 2007). Pyrenees Spa Bathing Beauties [Las bellezas de los balnearios de los Pirineos]. Recuperado el 7 de diciembre de 2017, de http://www.independent.co.uk/travel/europe/pyrenees-spas-bathing-beauties-6228889.html

34. James, M. (2009). Bernadette Soubirous of Lourdes [Bernadette Soubirous de Lourdes]. Recuperado el 7 de diciembre de 2017, de http://www.bernadette-of-lourdes.co.uk/bernadette-of-lourdes.htm

35. Editores, B. O. (24 de noviembre, 2017). Biography of Bernadette Soubirous [Biografía de Bernadette Soubirous]. Recuperado el 7 de diciembre de 2017, de https://www.biographyonline.net/spiritual/bernadette-soubirious.html

36. Editores, C. O. (2016). St. Bernadette Soubirous [Santa Bernadette Soubirous]. Recuperado el 7 de diciembre de 2017, de http://www.catholic.org/saints/saint.php?saint_id=1757

37. Editores, F. P. (1ero de noviembre, 2017). Bernadette Soubirous Biography [Biografía de Bernadette Soubirous]. Recuperado el 7 de diciembre de 2017, de https://www.thefamouspeople.com/profiles/bernadette-soubirous-6069.php

38. Editores, E. (2011). SAINT BERNADETTE SOUBIROUS VIRGIN, PATRONESS OF LOURDES—1844-1879 [Santa Bernadette Soubirous virgen, patrona de Lourdes 1844-1879]. Retrieved December 7, 2017, from https://www.ewtn.com/library/mary/bernadet.htm

39. Editores, E. B. (12 de enero, 2014). Albigenses. Recuperado el 7 de diciembre de 2017, de https://www.britannica.com/topic/Albigenses

40. Editores, H. C. (2015). HUNDRED YEARS' WAR [La Guerra de los Cien Años]. Recuperado el 7 de diciembre de 2017, de http://www.history.com/topics/hundred-years-war

41. Editores, F. W. (4 de diciembre, 2017). Bertrand du Guesclin. Recuperado el 7 de diciembre de 2017, de https://fr.wikipedia.org/wiki/Bertrand_du_Guesclin

42. Editores, E. C. (2017). Medieval Castle Defence: Defending a Castle [Defensa de castillos medievales: defendiendo un castillo]. Recuperado el 7 de diciembre de 2017, de https://www.exploring-castles.com/castle_designs/medieval_castle_defence/

43. Editores, E. B. (25 de marzo, 2016). Wars of Religion [Guerras de religion]. Recuperado el 7 de diciembre de 2017, de https://www.britannica.com/event/Wars-of-Religion

44. Editores, F. W. (20 de julio, 2017). Henri Lasserre. Recuperado el 7 de diciembre de 2017, de https://fr.wikipedia.org/wiki/Henri_Lasserre

45. Editores, F. M. (12 de febrero, 2014). Toulouse History [Historia de Toulouse]. Recuperado el 7 de diciembre de 2017, de https://frenchmoments.eu/toulouse-history/

46. Editores, N. T. (2016). PYRENEES – Cauterets [Pirineos – Cauteret]. Recuperado el 7 de diciembre de 2017, de https://nationaltokens.com/coins/pyrenees-cauterets/

47. Editores, F. T. (2014). CAUTERETS. Recuperado el 7 de diciembre de 2017, de https://www.fodors.com/world/europe/france/the-basque-country-gascony-and-hautes-pyrenees/places/cauterets

48. Editores, P. C. (2016). Cauterets. Recuperado el 7 de diciembre de 2017, de http://www.pyreneescollection.co.uk/summer/cauterets.html

49. Pope, C. (18 de enero, 2016). "I Am Ground, Like a Grain of Wheat" – A Reflection on the Paradoxical Passion of St. Bernadette ["Soy molida, como un grano de trigo" – Una reflexión sobre la paradójica pasión de Santa Bernadette]. Recuperado el 8 de diciembre de 2017, de http://blog.adw.org/2016/01/i-am-ground-like-a-grain-of-wheat-a-reflection-on-the-paradoxical-passion-of-st-bernadette/

50. Editores, W. (8 de mayo, 2011). The Liberation of Lourdes (August 1944) [La liberación de Lourdes (agosto de 1944)]. Recuperado el 7 de diciembre de 2017, de https://2ndww.blogspot.tw/2011/05/liberation-of-lourdes-august-1944.html

51. Editores, B. O. (2012). Extracts from the Cross Examination of Bernadette Soubirous [Extractos de los interrogatorios de Bernadette Soubirous]. Recuperado el 8 de diciembre de 2017, de https://www.biographyonline.net/spiritual/articles/bernadette-examination.html

52. Editores, L. P. (2017). Five Basilicas form the Sanctuaries of Lourdes [Cinco basílicas conforman los santuarios de Lourdes]. Recuperado el 7 de diciembre de 2017, de http://lourdesprayerrequest.com/sanctuary

53. Editores, L. F. (2015). The historical heritage [El patrimonio histórico]. Recuperado el 8 de diciembre de 2017, de https://www.lourdes-france.org/en/historical-heritage

54. Editores, S. D. (2011). Basilica of the Rosary, Lourdes [Basílica del Rosario, Lourdes]. Recuperado el 8 de diciembre de 2017, de http://www.sacred-destinations.com/france/lourdes-lower-basilica-rosary

55. Editores, L. (2013). ÉGLISE SAINTE BERNADETTE. Recuperado el 8 de diciembre de 2017, de https://www.lourdes-infotourisme.com/web/EN/342-eglise-sainte-bernadette.php

56. Editores, L. T. (2017). LA CRYPTE. Recuperado el 8 de diciembre de 2017, de https://www.lourdes-infotourisme.com/web/EN/345-la-crypte.php

57. Editores, L. (2016). Basilicas and churches [Basílicas e iglesias]. Recuperado el 8 de diciembre de 2017, de http://www.unitalsilourdes.it/en/il-santuario/basiliche-e-chiese/

58. Editores, S. D. (2016). Basilica of the Immaculate Conception, Lourdes [Basílica de la Inmaculada Concepción, Lourdes]. Recuperado el 8 de diciembre de 2017, de http://www.sacred-destinations.com/france/lourdes-upper-basilica-immaculate-conception

59. Ferguson, S. (25 de febrero, 2014). Dr Michael Moran evaluates Lourdes miracles reports [El Dr. Michael Moran evalúa los reportes de milagros de Lourdes]. Recuperado el 8 de diciembre de 2017, de http://www.bbc.com/news/world-europe-26334964

60. O'Connor, J. (12 de febrero, 1998). The Peace and Purity of Lourdes [La paz y pureza de Lourdes]. Recuperado el 8 de diciembre de 2017, de http://www.cny.org/stories/The-Peace-and-Purity-of-Lourdes,1823?content_source=&category_id=&search_filter=&event_mode=&event_ts_from=&list_type=&order_by=&order_sort=&content_class=&sub_type=stories&town_id=

61. Editores, N. (12 de marzo, 2006). Lourdes heeft mirakel nodig. Recuperado el 8 de diciembre de 2017, de http://www.nieuwsblad.be/cnt/gn2pdd21

62. Ring, T. (1996). 2: Northern Europe [Europa del Norte]: International Dictionary of Historic Places. Routledge.

63. Janku, A. (2011). Historical Disasters in Context: Science, Religion, and Politics [Desastres históricos en contexto: Ciencia, religión y política] (Routledge Studies in Cultural History) (1era ed.). Routledge.

Libros gratuitos por Charles River Editors

Tenemos nuevos títulos disponibles gratuitamente durante casi toda la semana. Para ver cuáles de nuestros títulos se encuentran gratuitos actualmente, haz click en este link.

Libros en descuento por Charles River Editors

Tenemos títulos con un precio reducido de tan solo 99 centavos cada día. Para ver cuáles de nuestros títulos cuestan 99 centavos actualmente, haz click en este link.

Made in the USA
Monee, IL
31 October 2021